Inhalt

Vorwort

Zur „REIHE WELTRELIGIONEN" innerhalb der LESEHEFTE ETHIK

Die großen Religionen der Welt haben nach wie vor einen bedeutenden Einfluß auf das Denken und Handeln ganzer Kulturkreise. Unabhängig davon, ob wir selbst an eine dieser Religionen glauben oder nicht, haben sie damit auch Auswirkungen auf uns, die wir in diesen Kulturkreisen leben. Von daher ist es unerläßlich, daß wir uns über sie informieren und uns mit ihnen auseinandersetzen. Diesem Zweck soll die REIHE WELTRELIGIONEN innerhalb der LESEHEFTE ETHIK dienen.
Im Hinblick auf den weltanschaulich neutralen Ansatz des Ethikunterrichts soll dabei weder Werbung für eine der Religionen betrieben noch die Kritik an ihr in den Mittelpunkt gestellt werden. Vielmehr soll fachlich informiert und ein Gespräch ermöglicht werden. Zu einer sachlichen Darstellung gehört es, daß man die Religion durch ihre Vertreter selbst zu Wort kommen läßt, die Begründungen und Positionen der Religion zur Kenntnis nimmt und nicht vorschnell von außen urteilt und aburteilt. Um dies zu gewährleisten, stammen zahlreiche der Texte in den Heften von Vertretern der jeweiligen Religionen selbst; zur Anregung der Diskussion sind diesen Texten andere Texte von außenstehenden Kennern der Religion beigegeben, die einen anderen Blickwinkel eröffnen.
Um Vergleiche zwischen den Religionen zu ermöglichen und zu erleichtern, haben alle Hefte der REIHE WELTRELIGIONEN weitgehend einen parallelen Aufbau: Nach einem Einführungskapitel, das einige Schlaglichter auf die betreffende Religion zu werfen versucht, folgt im 2. Kapitel eine ausführliche religionskundliche Darstellung, in der die Verbreitung, das Erscheinungsbild, die Feste und Riten, die Entstehung, die Geschichte und die Grundpositionen der Religion dokumentiert werden. Das 3. Kapitel fragt sodann nach der ethischen Lehre der Religion und ihrem Beitrag zu den drängendsten Fragen der Menschheit: Lebensgestaltung, Zusammenleben, Bewahrung der Schöpfung, Krieg und Frieden. Abgeschlossen werden die Hefte durch ein Kapitel, das besondere Aktivitäten, Ausstrahlungen und Probleme der jeweiligen Religion zur Diskussion stellt.

Zum vorliegenden Heft CHRISTENTUM

Die meisten Leser des vorliegenden Heftes werden in dem Kulturkreis aufgewachsen sein, der vom Christentum über Jahrhunderte hinweg entscheidend mitgeprägt worden ist. Sitten und Gebräuche, Ethik und Moral, Sprache und Literatur, Malerei und Baukunst sind durch christliche Einflüsse zu dem geworden, was wir die christlich-abendländische Kultur nennen.

Vieles am Christentum wird deshalb bekannt erscheinen; man hat davon schon einmal gehört; aber trotzdem weiß man es oft nicht genau oder richtig. Hier will das vorliegende Heft abhelfen, indem es Informationen und Gesprächsgrundlagen anbietet, die zu einer besseren Orientierung und Stellungnahme in Sachen Christentum führen sollen.

Ein Wissen über die christliche Religion ist aber nicht nur im Hinblick auf die persönliche Orientierung von Bedeutung, sondern auch im Hinblick auf die Weltpolitik. Das Christentum ist im Laufe der letzten Jahrhunderte zur zahlenmäßig größten Glaubensgemeinschaft und zur Religion der Mehrzahl der politisch und ökonomisch vorherrschenden Länder der Erde geworden. Von daher ist das Christentum auch in eine ganz besondere Rolle gekommen, was die Verantwortung für die Weltpolitik betrifft. Für die Zukunft der in Hunger und Überfluß geteilten und von Umweltschäden belasteten Welt sieht eine große Zahl von Christen und Nichtchristen einen entscheidenden Faktor darin, ob u.a. das Christentum eine Ethik entwickeln und durchsetzen kann, die die in seinem Kulturkreis lebenden Politiker und Wirtschaftsmanager zu einem verantwortlichen und gerechten – die Christen würden sagen: brüderlichen – Verhalten bewegen kann. Das macht es auch notwendig, die vorhandenen christlichen Positionen aufmerksam zu hinterfragen.

Frieden, Gerechtigkeit und Bewahrung der Schöpfung werden in der Neuzeit zu zentralen Themen der christlichen Bewegung. Hier ein Mahnmarsch am Palmsonntag 1988 in München.

I. Eine erste Begegnung mit dem Christentum

Susanne Kilian: Frau Bertolds wechselhafte Beziehungen zum lieben Gott

Als Frau Bertold ein kleines Mädchen war und noch Lotte Gerhard hieß, waren ihre Beziehungen zum lieben Gott gut. Überhaupt stellte sie ihn sich so vor: erst mal und vor allen Dingen lieb. Als alten weißhaarigen Mann mit ebenso weißem Rauschebart. Irgendwie ähnelte das Bild, das sie sich von ihm machte, ein wenig dem Weihnachtsmann.

Daß er auch zornig sein konnte, erfuhr sie später. Als sie in den Kommunionunterricht ging und lernte, daß Sünden, wie zum Beispiel das Lutschen eines geklauten Bonbons oder das Essen von Fleisch an einem Freitag, gebeichtet und gesühnt werden müssen.

Da fingen ihre Beziehungen zum lieben Gott an, wechselhaft zu werden.

Manchmal liebte sie ihn: Wenn sie in der Kirche war, und der Weihrauch duftete und der Kirchenchor sang, und alles war festlich und feierlich im Flackern der Kerzen und Murmeln der Gebete.

Manchmal fürchtete sie ihn: Wenn sie ihre kleinen Kindersünden beichten mußte und sie sich schon im Fegefeuer büßen sah wegen einer ungehorsamen Antwort gegen die Mutter. Oder noch viel schlimmer: sich in der Hölle in einem großen Topf braten sah. (Jedenfalls stellte sie sich das damals so vor.) Besonders schwere Strafe für besonders schwere Vergehen.

Trotzdem. Lotte Gerhard war nicht gerade ein frommes Kind. Zu ihrer Zeit ging man eben jeden Sonntag in die Kirche. Das gehörte sich so. Und daß man zur Kommunion oder Konfirmation zu gehen hatte, verstand sich auch von selbst. Da wurde nicht viel gefragt. Schon gar nicht die Kinder. Und als aus Lotte Gerhard dann Frau Bertold wurde – klar, nicht nur Standesamt, nein: weiße Hochzeit mit Schleier, Myrtenkranz und allem Drum und Dran in der Kirche.

Nun war Frau Bertold erwachsen. Der liebe Gott ihrer Kindheit rückte in immer fernere Himmel. Sonntags hatte sie keine Zeit mehr, in die Kirche zu gehn. Das Essen war zu kochen. Da waren die kleinen Kinder, die sie versorgen mußte. Ihre Beziehungen zum lieben Gott schliefen ein bißchen ein. Ein Kirchenbesuch zu Weihnachten, mal einer zu Ostern. Hier und da ein bittendes Gebet, wenn sie gar nicht weiter wußte. Manchmal dann, wenn das Übel vorbei war, ein Dankgebet. Voll schlechten Gewissens, weil sie so wenig an Gott dachte.

Aber ihre Kinder waren getauft. Sie gingen jeden Sonntag zur Kirche. Das gehörte sich so. Das mußte sein. „Also, was ihr später macht, das ist eure Sache. Aber solange ihr Kinder seid, habt ihr jeden Sonntag in die Kirche zu gehen. Das schadet euch nicht. Das kann euch nur nützen", pflegte sie zu ihren Kindern zu sagen, wenn die maulten. Ja.

Je älter Frau Bertold wurde, desto blasser und blasser wurde das Bild, das sie sich vom lieben Gott machte. Überhaupt, lieb war er schon lange nicht mehr für sie. Er war einfach Gott. Und es war ihr sehr, sehr zweifelhaft, ob es ihn überhaupt gab. Da brauchte sie nur an das schreiende Unrecht und die schweren Schicksale zu denken, die es überall in der Welt gibt. Wenn es einen lieben Gott gäbe, dann dürfte er so etwas überhaupt nicht zulassen.

Jedem, der es hören wollte, sagte sie: „Also, nehmen Sie doch mal unsere Kirche. Da bezahlen wir Kirchensteuer. Und was machen sie damit? Paläste von Kirchen bauen sie. Immer neue. Und der Bischof läuft rum, behängt von oben bis unten mit Zierat und Gold. Und in den Kirchen ist auch ein Reichtum wie Gott weiß was! Und die Armen? Würden sie lieber für die was tun! Schließlich ist unser Herr Jesus in 'nem ärmlichen Stall geboren. Ohne Prunk und Pracht. Wenn der gewußt hätte, was die mal für 'nen Protz draus machen! Nein, nein, die ganze Kirche mit allem was dazugehört, kann mir gestohlen bleiben. Das ist meine Meinung! Jawoll!" Für eine Zeitlang war Gott aus dem Leben Frau Bertolds ganz verschwunden. Später waren ihre Kinder verheiratet. Der Sohn in Amerika. Die Tochter in einer anderen Stadt. Alle beide weit, weit weg von ihr. Sie hatte Enkelkinder. Aber die kannte sie fast nur von Fotos.
Da starb ihr Mann. Sie war allein. Ganz allein.
Und dann wurde sie auch noch krank. So, daß sie sich nicht mehr allein versorgen konnte und in ein Pflegeheim mußte. Es war ein preiswertes, von Nonnen geleitetes Heim. Ein anderes hätte sie sich gar nicht leisten können. Und überall hingen Heiligenbilder und Kreuze, und eine Kapelle gab es auch. Jeden Sonntag wurde dort eine Messe gelesen für die Kranken. Ausschließen konnte sie sich da nicht. Auch nicht, wenn morgens, mittags und abends vor und nach dem Essen gebetet wurde. Das ging einfach nicht. Die Nonnen waren so nett. Und Frau Bertold mochte sie nicht kränken und außerdem: Sie war jetzt so allein. Und einsam.
Manchmal, in der Nacht, wenn sie wach lag und nicht wieder schlafen konnte, quälte sie der Gedanke, daß sie nicht mehr gesund werden würde. Daß sie bald sterben müßte. Der Tod machte ihr solche Angst.
Sie fühlte sich schwach und hilflos wie ein winziges Kind. Und hoffte nur eins: es gibt ihn, den lieben Gott. Er wird mir verzeihen, daß ich eine Zeitlang ungläubig war. Er wird mich hoffentlich in den Himmel kommen lassen. Wird er das?
Der Gedanke an den allesverzeihenden, lieben, gütigen Gott ihrer Kindertage in einem hellen, lichten, fröhlichen Himmel war ihr einziger Trost. Für Frau Bertold gab es ja sonst nichts mehr.
Ihre Beziehungen zum lieben Gott, einmal wieder aufgenommen, wurden so gut wie niemals zuvor. Jedenfalls von ihrer Seite.

Aus: Susanne Kilian, Die Stadt ist groß. Beltz & Gelberg Verlag, Weinheim 1976, S. 44 f.

▷ Wie und warum wechselt Frau Bertold mehrmals in ihrem Leben ihre Einstellung zur Religion?
▷ Ist Frau Bertold repräsentativ für die Mehrheit der heutigen Mitglieder der christlichen Kirchen?
▷ Gibt es Frau Bertolds Haltung wohl auch in anderen Religionen?

Inge Scholl: [Frei, furchtlos und gelassen]

*Unter dem Eindruck des von den Nationalsozialisten entfesselten mörderischen Krieges gründeten Hans Scholl (*1918) und seine Schwester Sophie (*1921) 1942 mit anderen christlich gesinnten Studenten die Widerstandsgruppe „Die weiße Rose", die durch Flugblätter die Bevölkerung über die Barbarei des Hitler-Regimes aufzuklären versuchte. Am 18. Februar 1943 wurden sie bei einer Flugblattaktion verhaftet und 4 Tage später vom Volksgerichtshof wegen Hochverrat zum Tode verurteilt.*

Das kurze Leben von Hans und Sophie Scholl wird von ihrer älteren Schwester Inge Scholl in dem Buch „Die weiße Rose" beschrieben. Darin berichtet sie auch über den Abschiedsbesuch ihrer Eltern bei Hans und Sophie am Tage der Hinrichtung.

Inzwischen war es meinen Eltern wie durch ein Wunder gelungen, ihre Kinder noch einmal zu besuchen. Eine solche Erlaubnis war fast unmöglich zu erhalten. Zwischen 16 und 17 Uhr eilten sie zum Gefängnis. Sie wußten noch nicht, daß dies endgültig die letzte Stunde ihrer Kinder war.

Zuerst wurde ihnen Hans zugeführt. Er trug Sträflingskleider. Aber sein Gang war leicht und aufrecht, und nichts Äußeres konnte seinem Wesen Abbruch tun. Sein Gesicht war schmal und abgezehrt, wie nach einem schweren Kampf. Er neigte sich liebevoll über die trennende Schranke und gab jedem die Hand. „Ich habe keinen Haß, ich habe alles, alles unter mir." Mein Vater schloß ihn in die Arme und sagte: „Ihr werdet in die Geschichte eingehen, es gibt noch eine Gerechtigkeit." Darauf trug Hans Grüße an alle seine Freunde auf. Als er zum Schluß noch den Namen eines Mädchens nannte, sprang eine Träne über sein Gesicht, und er beugte sich über die Barriere, damit niemand sie sehe. Dann ging er, ohne die leiseste Angst, und von einem tiefen Enthusiasmus erfüllt.

Darauf wurde Sophie von einer Wachtmeisterin herbeigeführt. Sie trug ihre eigenen Kleider und ging langsam und gelassen und sehr aufrecht. (Nirgends lernt man so aufrecht gehen wie im Gefängnis.) Sie lächelte, als schaue sie in die Sonne. Bereitwillig und heiter nahm sie die Süßigkeiten, die Hans abgelehnt hatte: „Ach ja, gerne, ich habe ja noch gar nicht Mittag gegessen." Es war eine ungewöhnliche Lebensbejahung bis zum Schluß, bis zum letzten Augenblick. Auch sie war um einen Schein schmaler geworden, aber ihre Haut war blühend und frisch – das fiel der Mutter auf wie noch nie –, und ihre Lippen waren tiefrot und leuchtend. „Nun wirst du also gar nie mehr zur Türe hereinkommen", sagte die Mutter. „Ach, die paar Jährchen, Mutter", gab sie zur Antwort. Dann betonte auch sie, wie Hans, fest und überzeugt: „Wir haben alles, alles auf uns genommen"; und sie fügte hinzu: „Das wird Wellen schlagen."

Das war in diesen Tagen ihr großer Kummer gewesen, ob die Mutter den Tod gleich zweier Kinder ertragen würde. Aber nun, da sie so tapfer und gut bei ihr stand, war Sophie wie erlöst. Noch einmal sagte die Mutter: „Gelt, Sophie: Jesus." Ernst, fest und fast befehlend gab Sophie zurück: „Ja, aber du auch." Dann ging auch sie – frei, furchtlos, gelassen. Mit einem Lächeln im Gesicht.

Aus: Inge Scholl, Die weiße Rose. Fischer Taschenbuch Verlag, Frankfurt am Main 1983, S. 81f.

▷ Welche Bedeutung hat der christliche Glaube für die Geschwister Scholl und ihre Eltern?

Drei Schüleräußerungen zu Jesus

„Jesus ist für mich ein Mensch mit vielen guten Idealen gewesen. Seine Vorstellungen von Nächstenliebe und Frieden finde ich gut. Es ist ihm aber so gegangen wie vielen Idealisten. Er ist den Mächtigen bei ihren Geschäften im Weg gewesen und sie haben ihn deshalb aus dem Weg geschafft.
An Gott kann ich eigentlich nicht glauben, wenigstens nicht an einen vollkommenen und gerechten Gott. Wie könnte der zulassen, daß es so ungerecht und brutal auf der Welt zugeht, jeden Tag Tausende von Menschen verhungern und ermordet werden. Manche christlichen Leute sagen, daß das alles nur Menschenwerk sei und Gott sie später im Jenseits dafür bestrafen werde. Aber da frage ich mich, was für einen Sinn es haben soll, daß Gott zuerst unvollkommene Menschen in die Welt setzt, um sie dann für ihre Unvollkommenheit zu bestrafen. Hätte er da nicht gleich bessere Menschen machen können, wenn er selbst die höchste Vollkommenheit ist?“ *Herbert, 16 Jahre*

„Ich glaube, daß die Zukunft nicht ohne Jesus Christus geht. Das atomare Problem wird zu stark werden, wenn Jesus uns nicht hilft. Wir Völker hassen einander zu sehr. Die Nächstenliebe wird nicht mehr praktiziert. Das muß sich ändern in der Zukunft. Wenn sich jeder einzelne für Jesus entscheidet, lieben wir uns alle. Wir beuten die Rohstoffe und die wichtigsten Energiequellen nicht mehr so aus. *Es gibt keinen Krieg mehr.* Die Frage: ist das überhaupt vorstellbar? Für mich, ja. Ich will mit diesem Text nicht sagen, daß ich Pfarrer werden will – obwohl wir sie auch als sehr wichtig brauchen werden. Wenn wir Jesus annehmen, dann ist es eigentlich eine heile Welt. Ein Paradies auf Erden so ungefähr. Ich selbst habe erfahren, daß Jesus Christus Wirklichkeit ist. Ich werde mein Leben nach Jesus richten.“ *Eckhard, 15 Jahre*

„Diese Nation ist mir zu kalt, zu eigensinnig und egoistisch. Jeder lebt sein eigenes Leben, und tut so, als ob er das Wort ‚Nächstenliebe‘ noch nie gehört hat. Ich meine, da könnten wir uns noch eine ganze Menge von den Südländern, Indern und Afrikanern abgucken. Trotzdem weiß ich nicht, ob ich alles das schaffe, denn meine Eltern, das weiß ich, weil sie es mir schon oft gesagt haben, würden enttäuscht und traurig sein, wenn ich Deutschland verlassen würde. Wie gesagt, sind dies alles hier nur meine Vorstellungen, was nun konkret passiert, liegt in Gottes Hand, und ich weiß, daß er mich den Weg führen wird, den er für mich bestimmt hat, und ich werde dankbar alles aus seiner Hand nehmen. Denn nur Jesus bietet Halt und Ruhe im Wirbel dieses Lebens und nur mit seiner Hilfe wird man auf dieser Erde bestehen. ‚Herzlich lieb habe ich Dich, Herr, meine Stärke.‘ Ps 11,1. ‚Rufe mich an in der Not, so will ich Dich erretten, und Du sollst mich preisen.‘ Ps 15,50.‘ *Bettina, 15 Jahre*

Zitate 2 und 3 aus: Dieter Bossmann, Zukunftserwartungen der Jugend. Eine Schülerumfrage, Tübingen 1982, S. 210 und 205. Zitat 1 bisher unveröffentlicht.

▷ Wie urteilen die drei Schüler über die christliche Religion? Was bedeutet sie ihnen? Wo sind Gemeinsamkeiten, wo Unterschiede?

▷ Was ist Ihre Auffassung?

Heinrich Böll: [Verändert das Christentum die Welt?]

Ich frage mich vieles, vor allem das eine: Wie ist es möglich, daß 800 Millionen Christen diese Welt so wenig zu verändern vermögen, eine Welt des Terrors, der Unterdrückung, der Angst? – „In der Welt habt ihr Angst", hat Christus gesagt, „seid getrost, ich habe die Welt überwunden." Ich spüre, sehe und höre, merke so wenig davon, daß die Christen die Welt überwunden, von der Angst befreit hätten; von der Angst im Wirtschaftsdschungel, wo die Bestien lauern; von der Angst der Juden, der Angst der Neger, der Angst der Kinder, Kranken. Eine christliche Welt müßte eine Welt ohne Angst sein, und unsere Welt ist nicht christlich, solange die Angst nicht geringer wird, sondern wächst; nicht die Angst vor dem Tode, sondern die Angst vor dem Leben und den Menschen, vor den Mächten und Umständen, Angst vor dem Hunger und der Folter, Angst vor dem Krieg... Die Christen haben die Welt nicht überwunden, sie lassen sich auf sie ein und werden von ihr überwunden... Man ist nicht Christ, sondern gehört zum „christlichen Lager", man glaubt nicht an Christus, sondern „macht in Christentum".
Doch die andere Vorstellung ist noch weit gespenstischer: wie diese Welt aussähe, hätte sich die nackte Walze einer Geschichte ohne Christus über sie hinweggeschoben... Ich überlasse es jedem einzelnen, sich den Alptraum einer heidnischen Welt vorzustellen oder eine Welt, in der Gottlosigkeit konsequent praktiziert würde: den Menschen in die Hände des Menschen fallen zu lassen. Nirgendwo im Evangelium finde ich eine Rechtfertigung für Unterdrückung, Mord, Gewalt; ein Christ, der sich ihrer schuldig macht, ist schuldig.
Unter Christen ist Barmherzigkeit wenigstens möglich, und hin und wieder gibt es sie: Christen; und wo einer auftritt, gerät die Welt in Erstaunen, 800 Millionen Menschen auf dieser Welt haben die Möglichkeit, die Welt in Erstaunen zu setzen. Vielleicht machen einige von dieser Möglichkeit Gebrauch.
Selbst die allerschlechteste christliche Welt würde ich der besten heidnischen vorziehen, weil es in einer christlichen Welt Raum gibt für die, denen keine heidnische Welt je Raum gab: für Krüppel und Kranke, Alte und Schwache, und mehr noch als Raum gab es für sie: Liebe für die, die der heidnischen wie der gottlosen Welt nutzlos erschienen und erscheinen... Ich glaube an Christus, und ich glaube, daß 800 Millionen Christen auf dieser Erde das Antlitz dieser Erde verändern könnten. [...]

Aus: Heinrich Böll, Eine Welt ohne Christus. List Taschenbuch Nr. 105.

▷ Wie begründet Heinrich Böll sein Christentum?
▷ Welche Defizite und welche Möglichkeiten sieht er im Christentum?
▷ Können Sie dem zustimmen?
▷ Untersuchen Sie auf den folgenden Seiten 10–24, was Ihnen am Erscheinungsbild des Christentums, seinen Festen und Riten sinnvoll und plausibel und was widersprüchlich und fraglich erscheint.

◁ *Christliche Friedensgruppen errichteten 1986 bei einer Friedensdemonstration im Hunsrück, an der 180 000 Menschen teilnahmen, 96 Holzkreuze, um mit diesem Symbol gegen 96 Raketen, die die Militärs in der NATO-Basis bei Hasselbach neu aufstellen wollten, zu protestieren.*

II. Nähere Betrachtung des Christentums

1. Das Erscheinungsbild

Vielfalt der Erscheinung

Wer über das Christentum Auskunft geben soll, gerät augenblicklich in Verlegenheit. Was Christentum ist, läßt sich nicht auf eine kurze Formel bringen. Das Christentum tritt uns in Gestalt von vielen und recht vielgestaltigen Christentümern entgegen. Schon im ersten Jahrtausend haben sich östliches und westliches Christentum unterschiedlich entwickelt, was nach mancherlei Irrungen und Wirrungen im 11. Jahrhundert zu einem bis heute andauernden Bruch geführt hat. Im 16. Jahrhundert ist in den tragischen Auseinandersetzungen von Reformation und Gegenreformation auch die Westkirche in verschiedene Konfessionskirchen auseinandergebrochen. Nach einer jahrhundertelangen Geschichte immer wieder neuer Kirchenbildungen ist erst in der ökumenischen Bewegung unseres Jahrhunderts ein rückläufiger Prozeß in Gang gekommen; seither hat eine verheißungsvolle neue Annäherung der getrennten christlichen Kirchen begonnen. Gleichzeitig hat jedoch in allen großen christlichen Kirchen ein Prozeß der inneren Differenzierung und Polarisierung eingesetzt, der mit den Schlagworten von einer konservativen und einer progressiven Richtung nur unzureichend charakterisiert werden kann. Bei diesem noch nicht ausgestandenen Streit innerhalb aller Kirchen geht es letztlich um die Frage, in welcher Weise die christliche Tradition unter den heutigen Bedingungen so zu verstehen und zu verwirklichen ist, daß das Christentum gerüstet ist: für das dritte Jahrtausend seiner Geschichte.

Aus: Walter Kasper, Christentum. In: Die fünf großen Weltreligionen Hinduismus, Buddhismus, Islam, Judentum, Christentum. Herder Verlag, Freiburg, Basel, Wien [7]1979, S. 109.

Heutige Verbreitung des Christentums

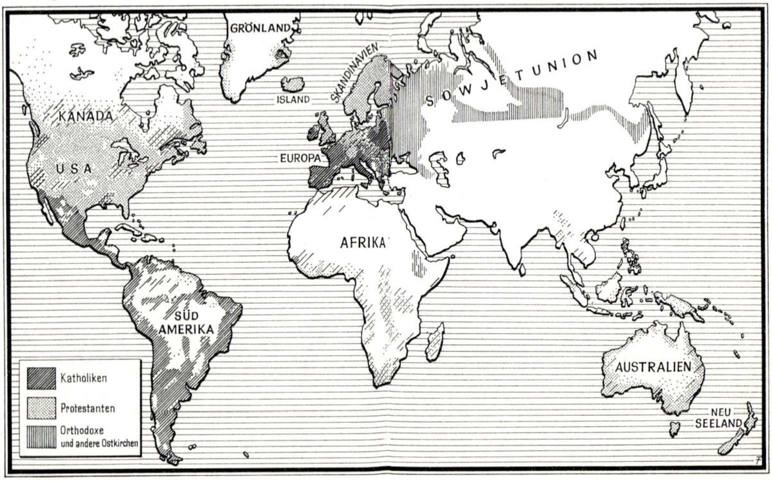

Heutige Verbreitung

Die Gesamtzahl der Christen beträgt heute 1 548 592 000, d. h. 32,4% der Weltbevölkerung. Von ihnen leben 27,2% in Europa und 25,3% in Lateinamerika. *Verbreitet* ist das Christentum in 223 Ländern, darunter als Religion der Mehrheit (über 50% der Bevölkerung) in 138 Staaten. Staatskirche ist das Christentum in der Form des Anglikanismus bzw. Presbyterianismus in Großbritannien, in der des evangelisch-lutherischen Bekenntnisses in Finnland und Norwegen und in der Form des römischen Katholizismus in Bolivien, Kolumbien, Paraguay und Monaco. In der Vatikanstadt ist der Papst gleichzeitig der Souverän [d. h. Herrscher und Staatsoberhaupt des Vatikanstaates].

Aus: Gerhard J. Bellinger: Knaurs großer Religionsführer: 670 Religionen, Kirchen und Kulte, weltanschaulich-religiöse Bewegungen und Gesellschaften sowie religionsphilosophische Schulen. Droemer Knaur, München 1986, S. 99.

Die Kirche als die Institution des christlichen Glaubens

Christ ist man nie bloß als einzelner. Immer waren Christen eine Gemeinschaft, ein „Volk Gottes". In ihrer Mitte gab und gibt es Gute und Böse, Zweifelnde und Überzeugte, Heilige und Sünder. Das Wort „Kirche" kommt von *Kyriaké*, d. h. dem Herrn zu eigen. Von Christus her ist die Kirche heilig; von den Menschen her ist sie mit Schwächen behaftet und erneuerungsbedürftig.
Die Kirche ist eine weltweite Organisation und Institution und zugleich mehr: ein Geheimnis. Die Gemeinschaft der Christen in der Kirche umspannt die Jahrhunderte und greift zugleich über den Tod hinaus in die bleibende Gemeinschaft mit Gott, ins ewige Leben.

Aus: Botschaft des Glaubens. Auer Verlag, Donauwörth 1978.

Kirche heißt eine traditionsgesteuerte, eher konservative Organisation (E. Troeltsch), die sich der außerreligiösen sozialen Wirklichkeit anpaßt, von dieser beeinflußt wird, sie aber auch selbst beeinflußt. Im Gegensatz zur Sekte, zum Kult, nicht zuletzt dank ihres „objektiv anstaltlichen Charakters" (Troeltsch) befindet sich eine Kirche überwiegend im Einklang mit der sie umgebenden Gesellschaft. (...)

Aus: Helmut Schoeck, Soziologisches Wörterbuch. Herder Verlag, Freiburg.

Kirche ist eine Einrichtung zur Erhaltung einer „Form des gesellschaftlichen Bewußtseins mit Weltanschauungscharakter, deren Besonderheit in einer verzerrten, verkehrten Widerspiegelung der Natur und Gesellschaft im Bewußtsein der Menschen besteht, dergestalt, daß die Erscheinungen der Natur und Gesellschaft auf übernatürliche Ursachen und Zwecke zurückgeführt bzw. als übernatürliche Vorgänge und Mächte vorgestellt werden, zu denen die Menschen in einem unmittelbaren Abhängigkeitsverhältnis stehen und denen gegenüber sie sich zu ihrem Wohle zum Vollzug bestimmter Handlungen (wie Gebete, Opfer, Kult usw.) verpflichtet fühlen".

Aus: Marxistisch-leninistisches Wörterbuch der Philosophie, Band 2. Rowohlt Taschenbuchverlag 1972. © VEB Bibliographisches Institut, Leipzig.

vision
am rand
am strand
der welt
liegen
große
schöne
bizarre
leere
schneckenhäuser
kölner dome
petersdome
hagiasofias
karolingische
romanische
gotische
byzantinische
19., 20. jahrhundert
schneckenhäuser
daraus das leben
ausgezogen

man sieht
schwarze ströme
touristeninsekten
heraus herein
eilen
wimmeln
in einer unbegreiflichen
hektik

europa
ist zu einem großen
christlichen museum
geworden
europa
zum rand und strand
der welt
mit schönheit aus bronze
marmor
aus sandstein backstein
beton
europa
ein kostbares grab

das grab ist leer
der held erwacht
aber anderswo

Aus: Wilhelm Willms, Aus der Luft gegriffen, Verlag Butzon und Bercker, Kevelaer 1976

Links das Innere des 1248 begonnenen und im 19. Jahrhundert vollendeten Kölner Doms. Oben die Kölner Altstadt mit der romanischen Kirche Groß-Sankt Martin neben dem hochgotischen Dom. Unten die um 1750 erbaute barocke Wallfahrtskirche in Wies/Oberbayern. – Drei Beispiele aus der überwältigenden Vielfalt, die die christliche Kirchenbaukunst hervorgebracht hat. – Heute nur noch touristische Besichtigungsobjekte?

Oben: Sonntagsgottesdienst („Hour of Power“) in der „Crystal Cathedral“ in Los Angeles.
Unten: Gottesdienst in einer Buschkirche in Mali.

Ein katholischer Christ stellt das liturgische Jahr seiner Kirche vor

Advent: Wir erwarten die Ankunft (Advent = Ankunft) des Herrn am Ende der Zeiten und bereiten uns für das Weihnachtsfest, an dem wir das Gedächtnis seines ersten Kommens feiern. Es gibt vier Adventssonntage vor Weihnachten. - Die liturgische Farbe ist Violett.

Allerheiligen: Am Fest Allerheiligen gedenkt die Kirche aller Heiligen (ob heiliggesprochen oder nicht, ob namentlich bekannt oder nicht) und lobt und ehrt mit ihnen Gott den Herrn. Allerheiligen wird in der griechisch-orthodoxen Kirche am 1. Sonntag nach Pfingsten, bei uns seit dem 9. Jahrhundert am 1. November gefeiert.

Allerseelen: Am Allerseelentag (2. November) gedenken wir der Toten und bitten Gott, er möge sie vollenden in seinem Reich. Das Fest Allerseelen breitete sich vom Kloster Cluny in Frankreich im 10. Jahrhundert über die ganze Kirche aus.

Aschermittwoch: Beginn der Fastenzeit, Mittwoch in der 7. Woche vor Ostern. Früher wurde öffentlichen Büßern Asche aufs Haupt gestreut. Seit dem 11. Jahrhundert lassen alle Gläubigen sich zum Zeichen der Buße mit Asche bestreuen (Aschenkreuz).

Christi Himmelfahrt: Am Donnerstag in der 6. Woche nach Ostern feiern wir Christi Himmelfahrt. Wir freuen uns, daß Christus nach seiner Erniedrigung am Kreuz in die Herrlichkeit des Vaters eingegangen und zum Herrn erhöht ist. Das Fest wurde schon im 5. Jahrhundert in Rom und Jerusalem gefeiert.

Dreifaltigkeitssonntag: Wir feiern am Sonntag nach Pfingsten (seit dem 14. Jahrhundert) mit einem eigenen Fest das Geheimnis der Heiligsten Dreifaltigkeit. - In der evangelischen Kirche werden die Sonntage bis zum Advent als Sonntage nach Trinitatis (= Dreifaltigkeit) gezählt.

Erscheinung des Herrn: Fest am 6. Januar, auch Epiphanie genannt. Wir feiern das Kommen des Herrn, in seiner Menschheit leuchtet uns seine Herrlichkeit auf. Im Eingangslied des Festes preisen wir Christus mit dem alten Thronbesteigungslied: Siehe, gekommen ist der Gebieter, der Herr! - Das Fest entspricht in der Ostkirche unserem Weihnachtsfest. Volkstümlich wird es bei uns Dreikönigsfest genannt.

Fastenzeit: Wir bereiten uns für das Osterfest, indem wir in Gebet, Stille und Fasten unsern Glauben vertiefen und dem Ruf zur Umkehr folgen. Zum Fasten gehört die Gabe für die Armen und Hilfsbedürftigen. Die Ostkirchen kannten das vierzigtätige Fasten schon seit der frühesten Zeit: im 5. Jahrhundert übernahm Rom diese Zeitspanne statt der bis dahin üblichen drei Wochen. In der Fastenzeit wurden früher die Taufbewerber auf die Taufe und die öffentlichen Büßer auf die Wiederaufnahme in die Gemeinschaft der Kirche vorbereitet.

Fronleichnam *(Herrenleib):* Am Donnerstag nach dem Dreifaltigkeitssonntag feiern wir das Fronleichnamsfest. In der alten Zeit bewahrte man für die Kranken die konsekrierten Hostien auf ohne besonderen Kult. Im Mittelalter entstanden verschiedene Formen der Verehrung außerhalb der Messe. Daraus entstand 1264 in Lüttich das Fronleichnamsfest. Wir danken dem Herrn, der im Zeichen des Brotes bei uns ist.

Gründonnerstag: Wir feiern in der Messe am Gründonnerstag das Gedächtnis des letzten Abendmahls, das der Herr mit seinen Aposteln gehalten hat. In Rom kam die Eucharistiefeier am Gründonnerstag erst im 8. Jahrhundert auf. Vorher gab es an diesem Tag keine Messe, sondern nur eine Versöhnungsfeier für die öffentlichen Büßer und die Weihe der heiligen Öle. Nach dem Evangelium wird in manchen Kirchen die Fußwaschung gehalten; nach der Messe werden die konsekrierten Hostien für die Kommunion am Karfreitag in einem Tabernakel außerhalb des Hauptchores übertragen.

Heiligenfeste: In den Heiligen spiegelt sich die Heiligkeit Christi. Wir freuen uns, daß die Heiligen den Auftrag, den Gott ihnen gab, erfüllt haben, und bitten sie um ihren Beistand, daß auch wir unserem Auftrag in der Welt gerecht werden. An jedem Tag gedenken wir eines oder mehrerer Heiliger.

Heilige Woche: Die Woche vom Palmsonntag bis zum Ostersonntag ist die Heilige Woche. Die bedeutendsten Tage der Heiligen Woche sind der Palmsonntag, der Gründonnerstag, der Karfreitag und das Osterfest. In der Heiligen Woche feiern wir den königlichen Einzug des Messias in seine Stadt, das Abschiedsmahl Jesu mit seinen Jüngern, die Erniedrigung des Gottesknechtes in seinem Leiden und Sterben und seine Verherrlichung in der Auferstehung.

Karfreitag *(= Klagefreitag):* Am Karfreitag gedenken wir des Leidens und des Todes unseres Herrn. Die Karfreitagsliturgie geht auf das 4. Jahrhundert zurück. Sie wird nachmittags gefeiert, zu der Stunde, die uns in der Bibel als die Todesstunde Jesu überliefert wird. Die Liturgie hat vier Teile: Lesungen, Fürbitten, Kreuzverehrung, Kommunionfeier.

Karsamstag *(= Klagesamstag):* Wir bereiten uns auf die Feier der Auferstehung vor. Am Karsamstag wird keine Eucharistie gefeiert. In der Nacht zum Ostersonntag wird die Osternachtfeier gehalten.

Kirchweihfest: Vor dem 6. Jahrhundert galt eine Kirche als geweiht, wenn sich die gläubige Gemeinschaft darin zur eucharistischen Feier versammelte. Heute werden Kirchen durch den Bischof geweiht. Alljährlich feiert die Gemeinde den Jahrestag der Kirchweihe. Doch gilt das Kirchweihfest nicht nur dem steinernen Gotteshaus, sondern vor allem der Kirche, die aus lebendigen Steinen gebaut ist.

Lichtmeß: Fest der Darstellung des Herrn (2. Februar). Wir feiern dieses alte Fest (Ende des 4. Jahrhunderts) als Herrenfest. Wir denken daran, daß Maria wie jede jüdische Mutter ihren Erstgeborenen in den Tempel brachte, um ihn Gott „darzustellen". Wir singen: Du Licht zur Erleuchtung der Heiden und zur Herrlichkeit deines Volkes Israel. - An Lichtmeß werden Kerzen geweiht und eine Lichtprozession gehalten.

Marienfeste: Wir verehren Maria, weil sie die Mutter unseres Herrn ist. In ihr ehren wir ihren Sohn Jesus Christus. Die wichtigsten Marienfeste sind: Unbefleckte Empfängnis (8. Dezember); Hochfest der heiligen Gottesmutter (1. Januar, Oktavtag von Weihnachten); Mariä Aufnahme in den Himmel (15. August). Weitere Marienfeste: Mariä Geburt (8. September); Mariä Heimsuchung (31. Mai, in Deutschland 2. Juli).

Österliche Zeit: Die Osterzeit umfaßt die Zeit zwischen Ostern und Pfingsten. Die Kirche mahnt alle Gläubigen, wenigstens in der österlichen Zeit (ab Aschermittwoch) das Bußsakrament und den Leib des Herrn zu empfangen.

Ostern: Ostern (Name wahrscheinlich von der Frühlingsgöttin Ostara) ist das älteste und das höchste Fest der Kirche, das höchste Fest für Juden und Christen. Die Juden feierten ihr Osterfest als Gedächtnis der Befreiung aus Ägypten. Wir feiern das Gedächtnis der Erlösung, die durch den Tod und die Auferweckung unseres Herrn vollendet wurde.
Seine Auferstehung ist die Verheißung der endzeitlichen Auferstehung und der Vollendung unserer Erlösung. Ostern ist zugleich Erinnerungstag an unsere Taufe. Die Feier der Osternacht ist durch folgende Hauptteile bestimmt: Weihe des österlichen Lichts. Wortgottesdienst, Tauffeier, Eucharistiefeier. - Der Ostertag fällt auf den Sonntag nach dem ersten Frühlingsvollmond. - Die liturgische Farbe ist Weiß.

Palmsonntag: Mit ihm beginnt die Heilige Woche. Vor der Messe sind Palmweihe und Palmprozession, ein fast 1600 Jahre alter Brauch, in dem wir den königlichen Einzug Christi in seine Heilige Stadt feiern.

Pfingsten (vom griechischen Pentekoste = der fünfzigste Tag = der Tag der Vollendung): Pfingsten wird von Christen und

Juden gefeiert. Die Juden feiern den Tag des Bundes, den Jahwe am fünfzigsten Tag nach dem Auszug mit ihnen am Berge Sinai schloß. Wir feiern das Kommen des Geistes, den Christus uns vom Vater gesandt hat und der es uns möglich macht, Tag um Tag das neue Leben zu leben, das der auferstandene Herr uns geschenkt hat. - Die liturgische Farbe ist Rot.

Sonntag: Jeden Sonntag feiert die Kirche Ostern. Im Lateinischen heißt der Sonntag „Dominica" - Herrentag. - Russisch heißt der Sonntag „Auferstehung". - Die Gläubigen kommen am Sonntag zur Feier der heiligen Messe zusammen. Die Sonntage im Kirchenjahr werden wie folgt gezählt: Zum Osterfestkreis gehören die Sonntage der Fastenzeit und die Sonntage der Osterzeit, zum Weihnachtsfestkreis die Sonntage des Advent und zwischen Weihnachten und Epiphanie; die übrigen Sonntage zwischen Epiphanie und Fastenzeit und zwischen Pfingsten und Advent werden als Sonntage im Jahreskreis gezählt.

Weihnachten *(von weih = heilig, heilige Nacht):* Wir feiern die Geburt unseres Herrn aus Maria der Jungfrau, die Menschwerdung des göttlichen Wortes zum Heile der Menschen und der Welt. In die Weihnachtsoktav fallen folgende Feste: Stephanus, Johannes der Evangelist, Fest der Unschuldigen Kinder. Am Sonntag in der Weihnachtsoktav feiern wir das Fest der Heiligen Familie. Die Weihnachtszeit schließt mit dem Sonntag nach Epiphanie. - Die liturgische Farbe ist Weiß.

Weltgebetsoktav: Vom 18. bis 25. Januar (Tag der Bekehrung des Paulus) wird von vielen Christen für die Wiedervereinigung im Glauben gebetet. Manche Konfessionen halten die Gebetswoche in der Woche vor Pfingsten.

Aus: Glauben - leben - handeln. Arbeitsbuch zur Glaubensunterweisung. Herder Verlag, Freiburg 1969, S. 223–227 (gekürzt)

Festkreis der evangelischen Kirche

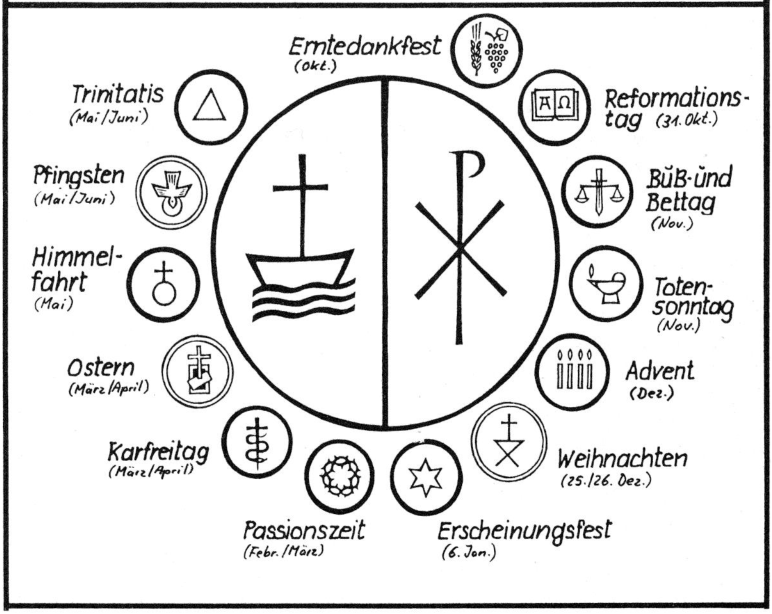

Ostern und Weihnachten – die großen Feste des Christentums

In Deutschland wird das Weihnachtsfest, das Fest der Geburt Jesu, heute mit großem Aufwand gefeiert. Und in aller Welt, sogar in Ländern, die nicht oder kaum christlich geprägt sind wie z. B. Japan, wird dieses Fest mit Tannenbaum, Lichterschmuck und Geschenken nachgeahmt. Dadurch ist der Eindruck entstanden, daß Weihnachten das wichtigste Fest des Christentums sei. Von der religiösen Botschaft her ist aber seit jeher Ostern, das Gedenkfest an die Kreuzigung und Wiederauferstehung Jesu, das bedeutendste. In den christlichen Mittelmeerländern ist das auch heute noch so. Im folgenden sollen diese beiden Feste, Weihnachten und Ostern, etwas ausführlicher vorgestellt werden:

Der Weihnachtstext aus der Bibel: Die Geburt Jesu (Lukas 2,1-20)

In jenen Tagen erließ Kaiser Augustus den Befehl, alle Bewohner des Reiches in Steuerlisten einzutragen. Dies geschah zum erstenmal; damals war Quirinius Statthalter von Syrien. Da ging jeder in seine Stadt, um sich eintragen zu lassen. So zog auch Josef von der Stadt Nazaret in Galiläa hinauf nach Judäa in die Stadt Davids, die Betlehem heißt; denn er war aus dem Haus und Geschlecht Davids. Er wollte sich eintragen lassen mit Maria, seiner Verlobten, die ein Kind erwartete. Als sie dort waren, kam für Maria die Zeit ihrer Niederkunft, und sie gebar ihren Sohn, den Erstgeborenen. Sie wickelte ihn in Windeln und legte ihn in eine Krippe, weil in der Herberge kein Platz für sie war.
In jener Gegend lagerten Hirten auf freiem Feld und hielten Nachtwache bei ihrer Herde. Da trat der Engel des Herrn zu ihnen, und der Glanz des Herrn umstrahlte sie. Sie fürchteten sich sehr; der Engel aber sagte zu ihnen: Fürchtet euch nicht;

Nicolas Poussin (1593–1665): Anbetung der Hirten (Alte Pinakothek, München)

denn ich verkünde euch eine große Freude, die dem ganzen Volk zuteil werden soll: Heute ist euch in der Stadt Davids der Retter geboren; er ist der Messias, der Herr. Und das soll euch als Zeichen dienen: Ihr werdet ein Kind finden, das, in Windeln gewickelt, in einer Krippe liegt. Und plötzlich war bei dem Engel ein großes himmlisches Heer, das Gott lobte und sprach: Verherrlicht ist Gott in der Höhe, und auf Erden ist Friede bei den Menschen seiner Gnade.
Als die Engel sie verlassen hatten und in den Himmel zurückgekehrt waren, sagten die Hirten zueinander: Kommt, wir gehen nach Betlehem, um das Ereignis zu sehen, das uns der Herr verkünden ließ. So eilten sie hin und fanden Maria und Josef und das Kind, das in der Krippe lag. Als sie es sahen, erzählten sie, was ihnen über dieses Kind gesagt worden war. Und alle, die es hörten, staunten über die Worte der Hirten.
Maria aber bewahrte alles, was geschehen war, in ihrem Herzen und dachte darüber nach. Die Hirten kehrten zurück, rühmten Gott und priesen ihn für das, was sie gehört und gesehen hatten; denn alles war so gewesen, wie es ihnen gesagt worden war.

Zur Geschichte des Weihnachtsfestes

Der genaue Tag der Geburt Jesu ist unbekannt. Die Evangelien geben darüber keine Auskunft. Seit dem vierten Jahrhundert feiern die Christen Weihnachten.
Um diese Zeit entstanden die beiden großen Feste der Weihnachtszeit. Die römische Kirche hat den 25. Dezember gewählt. Dieser Tag galt im ganzen Mittelmeerraum als Geburtstag des unbesiegbaren Sonnengottes Mithras, den auch die Römer verehrten. Zugleich war er der Tag der nordischen Wintersonnenwende. Die Kirche feiert damit Christus als die wahre Sonne und das „Licht der Welt", das den heidnischen Sonnengott vertreibt.
Die Kirchen des Ostens haben den 6. Januar bevorzugt. Es ist der Tag, an dem Jesus getauft und von seinem Vater als sein Sohn der Welt vorgestellt wurde: „Du bist mein geliebter Sohn, an dir habe ich Gefallen gefunden" (Markus 1,11). Darum nennen wir dieses Fest auch Erscheinung des Herrn: Christus erscheint als der wahre König, dem alle Könige huldigen. Aus diesem Grunde wird es auch das Fest der Heiligen Drei Könige genannt. Seine Gottheit offenbart er auch in seinen ersten Wundertaten, z. B. bei der Hochzeit zu Kana. (Siehe auch 6. Januar.) Das deutsche Wort „Weihnacht" ist schon sehr alt. *Wîh* ist althochdeutsch und bedeutet „heilig", „geweiht". Es ist keine andere Nacht so heilig wie diese, in der Gott in Jesus Christus Mensch wurde.
Die Weihnachtskrippe wird 1223 zum ersten Male durch den heiligen Franz von Assisi in Greccio (Italien) in einer Kirche aufgestellt. Wie die Hirten in Betlehem pilgerten die Gläubigen zur Krippe. Schon bald standen Krippen in vielen Kirchen und Klöstern, später auch in Schulen und Wohnungen. Um diese Zeit entwickelten sich auch zahlreiche Krippenspiele, die das Weihnachtsevangelium anschaulich darstellen wollten.
Der Weihnachtsbaum geht zurück auf vorchristliches Brauchtum. Zur Feier der Wintersonnenwende wurden in den zwölf Rauhnächten grüne Zweige als Schutz und Zaubermittel und zur Beschwörung des Sommers geschlagen. In allen Kulturen und Religionen ist der immergrüne Baum Wohnstätte der Götter und damit Zeichen des Lebens gewesen. Fruchtbarkeit und Wachstum werden angezeigt. Auch in der Heiligen Schrift spielt der Baum eine große Rolle: vom Paradiesbaum bis zum Baum des Kreuzes. Der Brauch, einen Christbaum aufzustellen, kam im Elsaß und im Schwarzwald um 1509 auf. Er wurde von Martin Luther und den Reformatoren zum Weihnachtssymbol der Protestanten erklärt. In den Kriegen gegen Napoleon wurde die Tanne zum Freiheitssymbol aller Deutschen. Sie hält gegen Ende des

19. Jahrhunderts auch Einzug in die katholischen Kirchen und Wohnungen. Der Christbaum steht für den Paradiesbaum, an dem die „Früchte des Lebens" hängen, dargestellt durch Äpfel, Nüsse, Gebäck und im übertragenen Sinne durch goldene Christbaumkugeln und silbernen Christbaumschmuck. Am Ende der Weihnachtszeit wird der Christbaum „geplündert"; vom Baum des Lebens werden die Früchte des Lebens gepflückt.

Der Brauch der Weihnachtsbescherung ist eigentlich älter als das Weihnachtsfest selbst. Schon in vorchristlicher Zeit wurden am Fest des Sonnengottes und der Sonnenwende Geschenke verteilt. An diesem Tag erhielten die römischen Beamten und die Sklaven ebenso wie in Germanien das Gesinde von ihren Dienstherren Geschenke als Dank für ihre Dienste. Die Weihnachtsgeschenke haben für Christen einen tieferen Sinn: sie beschenken einander, weil Gott allen Menschen seinen Sohn geschenkt hat. Die Weihnachtsbescherung geht zurück auf Martin Luther. Er schaffte um 1535 die bis dahin allein übliche Nikolausbescherung ab. Statt des heiligen Nikolaus bringt nun das Christkind die Gaben; der Nikolaus wird zum Weihnachtsmann.

Der Ostertext aus der Bibel: Kreuzigung, Begräbnis und Auferstehung Jesu (Lukas 23,44-56 und 24,1-9)

Es war etwa um die sechste Stunde, als eine Finsternis über das ganze Land hereinbrach. Sie dauerte bis zur neunten Stunde. Die Sonne verdunkelte sich. Der Vorhang im Tempel riß mitten entzwei, und Jesus rief: *Vater, in deine Hände lege ich meinen Geist.* Nach diesen Worten hauchte er den Geist aus.
Als der Hauptmann sah, was geschehen war, pries er Gott und sagte: Das war wirklich ein gerechter Mensch. Und alle, die zu diesem Schauspiel herbeigeströmt waren und sahen, was sich ereignet hatte, schlugen sich an die Brust und gingen betroffen weg. Alle seine *Bekannten* aber *standen in einiger Entfernung* (vom Kreuz), auch die Frauen, die ihm seit der Zeit in Galiläa nachgefolgt waren und die alles mit ansahen.
Damals gehörte zu den Mitgliedern des Hohen Rates ein Mann namens Josef, der aus der jüdischen Stadt Arimanthäa stammte. Er wartete auf das Reich Gottes und hatte dem, was die anderen beschlossen und taten, nicht zugestimmt, weil er gut und gerecht war. Er ging zu Pilatus und bat um den Leichnam Jesu. Und er nahm ihn vom Kreuz, hüllte ihn in ein Leinentuch und legte ihn in ein Felsengrab, in dem noch niemand bestattet worden war. Das war am Rüsttag, kurz bevor der Sabbat anbrach. Die Frauen, die mit Jesus aus Galiläa gekommen waren, gaben ihm das Geleit und sahen zu, wie der Leichnam in das Grab gelegt wurde. Dann kehrten sie heim und bereiteten wohlriechende Öle und Salbe zu. Am Sabbat aber hielten sie die vom Gesetz vorgeschriebene Ruhe ein.
Am ersten Tag der Woche gingen die Frauen mit den wohlriechenden Salben, die sie zubereitet hatten, in aller Frühe zum Grab. Da sahen sie, daß der Stein vom Grab weggewälzt war; sie gingen hinein, aber den Leichnam Jesu, des Herrn, fanden sie nicht. Während sie ratlos dastanden, traten zwei Männer in leuchtenden Gewändern zu ihnen. Die Frauen erschraken und blickten zu Boden. Die Männer aber sagten zu ihnen: Was sucht ihr den Lebenden bei den Toten? Er ist nicht hier, sondern er ist auferstanden. Erinnert euch an das, was er euch gesagt hat, als er noch in Galiläa war: Der Menschensohn muß den Sündern ausgeliefert und gekreuzigt werden und am dritten Tag auferstehen. Da erinnerten sie sich an seine Worte. Und sie kehrten vom Grab in die Stadt zurück und berichteten alles den Elf und den anderen Jüngern.

Kleine Geschichte des Osterfestes

Das Datum des Osterfestes hängt mit dem jüdischen Zeit- und Festtagskalender zusammen. Dort begannen die Monate jeweils mit dem Tag des Neumondes. Der erste Monat nach Frühlingsanfang hieß Nisan. Am 14. Nisan, dem Vollmondtag dieses Monats, feierten die Juden ihr Osterfest – Passah oder Pascha – zur Erinnerung an die Errettung aus Ägypten. Bis ins 2. Jahrhundert hinein war der 14. Nisan, ganz gleich auf welchen Wochentag er fiel, dann auch das Datum für das christliche Osterfest. Ein Teil der Christenheit (in Kleinasien) behielt diesen Termin bei, während sich Rom und damit der größere Teil der Kirche für den auf den 14. Nisan folgenden Sonntag entschied. Das I. Konzil von Nizäa (325) beschloß die endgültige Regelung: Ostern wird alljährlich am Sonntag nach dem ersten Frühlingsvollmond gefeiert. Damit ist eine Schwankungsbreite von fünf Wochen (22. März–25. April) gegeben. Das Osterfest ist eines unserer ältesten Feste.

Bereits im 4. Jahrhundert wurde Ostern als christliches Fest, als „Fest der Feste", hochgeschätzt und ausgiebig gefeiert. Nach dem heiligen Beda (8. Jahrhundert) kommt der Name „Ostern" vermutlich von der germanischen Gottheit Ostera oder Eostre, eine angelsächische Gottheit des strahlenden Morgenrots und des aufsteigenden Lichtes. Sie war die Frühlingsgöttin, für die jährlich ein Frühlingsfest veranstaltet worden war. – Andere Forscher führen Ostern auf „ôstrâ" zurück, ein althochdeutsches Wort, das die Zeit bezeichnet, in der die Sonne wieder genau im Osten aufgeht. Nach altem Glauben hüpft die Sonne aus Freude über den Auferstandenen am Ostermorgen mehrmals empor.

Allen Erklärungsversuchen liegt die Vorstellung von Christus als der im Osten aufgehenden Sonne zugrunde.

Bibeltexte aus der Einheitsübersetzung der Bibel, Neues Testament. © Katholische Bibelanstalt, Stuttgart 1980. Kleine Geschichte des Weihnachts- und Osterfestes aus: Durch das Jahr – durch das Leben. Hausbuch der christlichen Familie. Kösel Verlag, München 1982, S. 318 und 376.

Jesus Christus überwindet durch seine Auferstehung die bösen Mächte. Gemälde von El Greco (1584–94) (Prado, Madrid)

Die sieben Sakramente (Katholische Kirche)

Hoch-Zeiten des Lebens

Wenn wir die sieben Sakramente genau anschauen, dann sehen wir, daß sie die Grundachsen des menschlichen Lebens auf die Ebene des Ritus heben. Das Leben, besonders in seiner biologischen Dimension, besitzt Hoch-Zeiten, die mit Knoten zu vergleichen sind, in denen sich die Hauptlinien - im transzendenten Sinn des Menschlichen - kreuzen. An diesen existentiellen Knotenpunkten spürt der Mensch, daß das Leben sich nicht selbst trägt. Der Mensch hat zwar sein Leben, aber er hat es geschenkt bekommen. So fühlt er sich eingetaucht in den Lebensstrom, der Welt und Gemeinschaft durchzieht. Er macht die Erfahrung: Niemals lebe ich allein, immer lebe ich mit anderen zusammen. Das Leben kommt mir nur von einem Teller mit alltäglicher Speise, von einem Schluck Wasser, von einer Gruppe von Menschen, die mich in der Welt akzeptiert haben, mich stützen, mich trotz meiner Unbedeutsamkeit lieben und mir dadurch den Glauben schenken, daß es sich lohnt, weiter zu leben. An diesen Schlüsselpunkten erlebt man das Mitwirken einer Kraft, die uns transzendiert, die sich aber dennoch in unserem Leben zeigt. Solche Hoch-Zeiten gewinnen einen eminent sakramentalen Charakter. Deshalb umgeben wir sie - selbst in einer völlig säkularisierten Welt - mit Symbolen und Riten. Sie machen die Sakramente des Lebens par excellence aus, denn in ihnen verdichtet sich das Leben der Sakramente und wird transparent: die Gegenwart des Transzendenten, die Gegenwart Gottes. Die äußeren Riten geben dieser tiefen und - wer weiß - unbewußten Erfahrung greifbare Gestalt. Wo radikal Leben erfahren wird, wird Gott erfahren.

● Die Geburt ist ein Schlüsselpunkt des Lebens. Das Kind ist nun da. Doch es ist reines Geschenk. Alles hängt vom guten Willen anderer ab, ob es in der Familie angenommen wird und so überleben kann. Die *Taufe* entfaltet diese Abhängigkeit als Abhängigkeit von Gott und überhöht sie als Teilhabe am Leben Christi.

● Eine andere Hoch-Zeit erlebt das Kind, wenn es - jetzt schon herangewachsen und frei - sich entscheidet. Es ist reifer geworden, tritt in die Welt der Erwachsenen ein und sucht seinen Platz im Berufsleben. Das Leben erfährt einen wichtigen Wendepunkt, an dem das Geschick des Kindes, teilweise wenigstens, auf dem Spiel steht. Und wieder spürt der Mensch, daß er von einer höheren Kraft abhängig ist. Er erfährt Gott. Das Sakrament der *Firmung* ist das Sakrament der christlichen Reife. Es verdeutlicht die Dimension Gottes, der auch in dieser existentiellen Achse zugegen ist.

● Ohne Nahrung kann Leben nicht bestehen. Jede Mahlzeit ermöglicht dem Menschen die ihn zu Dank bewegende Erfahrung, daß seine Existenz an die anderer Menschen geknüpft ist. Deshalb ist menschliches Essen auch von Riten umgeben. Die *Eucharistie* entfaltet den im Essen verborgenen Sinn als Teilhabe am göttlichen Leben.

● Die *Ehe* macht eine weitere existentielle Achse aus. Liebe lebt von gegenseitigem Sich-Beschenken. Die Bande, die einen, sind zerbrechlich, weil sie von Freiheit abhängen. Eheleute machen die sie selbst übersteigende Erfahrung, daß Treue von

irgendwoher garantiert sein muß. Ein solches Erleben deutet auf eine höhere Macht hin, auf Gott, von dem menschliche Treue abhängt. Das Sakrament erhellt die Gegenwart Gottes in der Liebe.

● Krankheit kann menschliches Leben bedrohen. Der Mensch stößt an seine Grenzen. Und wieder erlebt er seine Abhängigkeit. Das Sakrament der *Krankensalbung* bringt die Heilsmacht Gottes zum Ausdruck.

● Jeder Mensch macht die ihn beeindrukkende Erfahrung, daß es durch seine Schuld zum Bruch kommt mit den anderen und mit Gott. So fühlt er sich gespalten und verloren. Doch hofft er auf Erlösung und Versöhnung mit allen Dingen. Das Sakrament der *Buße* artikuliert die Erfahrung der Vergebung und der Begegnung zwischen dem verlorenen Sohn und dem gütigen Vater.

● Eine nicht zerbrochene und versöhnte Welt zu leben, universale Versöhnung zu verwirklichen und Frieden zu praktizieren –: das ist der geheime Wunsch, der das Streben nach Glück inspiriert. Im Sakrament der *Priesterweihe* werden Menschen dazu gesalbt und geweiht, Versöhnung zu leben und der Gemeinschaft zu dienen, damit so Versöhnung ermöglicht wird.

Aus: Leonardo Boff, Kleine Sakramentenlehre. Patmos Verlag, Düsseldorf 1984, S. 70/71.

Sakrament

A. „Sacramentum" (von *sacrare* weihen, heiligen) meint vorchristl. einmal eine Geldsumme, die prozessierende Parteien beim Priester im Heiligtum niederlegen, zum anderen hat es die Bedeutung „Militäreid". Im lateinischen Neuen Testament ist es an einigen Stellen Übersetzung des griech. „mysterion" (Geheimnis, Mysterium), jedoch nicht als Bezeichnung kirchl. Handlungen, sondern des Christusgeheimnisses. Bei Tertullian (um 200) ist *sacramentum* dann auch Bezeichnung von Taufe und Abendmahl und hat den Doppelsinn von „rel. Geheimnis" und „Fahneneid". Grundlegend für den abendländ. Sakramentsbegriff wurde Augustin, dem zufolge Sakramente *sichtbare Zeichen* sind, die sinnbildhaft auf eine unsichtbare Wirklichkeit verweisen, diese (die göttliche Gnade) aber zugleich enthalten. Sakramente beruhen auf einer besonderen Anordnung Gottes und setzen sich zusammen aus einem sichtbaren „Element" und dem Glaubenswort der Kirche. Die Zahl der Sakramente schwankte im Mittelalter, bis die Hochscholastik sich auf die *Siebenzahl* festlegte: Taufe, Firmung, Eucharistie (Abendmahl), Buße (Beichte), Krankensalbung, Ordo (Ordination), Ehe. Einige Sakramente (Taufe, Firmung, Ordo) prägen ein unverlierbares Kennzeichen (lat: „character indelebilis") ein und können nicht wiederholt werden.

B. Nach offizieller *röm.-kath. Lehre* (Konzil von Trient, 1547) ist ein Sakrament ein wirksames Gnadenmittel, die Gnade ist im Zeichen als der von Gott benutzten Instrumentalursache enthalten, und zwar unabhängig von der Haltung des Empfängers (aufgrund des Werkes selbst; lat. *ex opere operato*). Allerdings ist die Absicht *(intentio)* des Spenders und Empfängers nötig zu tun, was die Kirche tut. Die Heilswirkung kann durch einen „Riegel" (fehlender Glaube und fehlende Reue) verhindert werden. Die Sakramente sind im Prinzip notwendig zum Heil, wenn auch nicht alle Sakramente in gleicher Weise. Sie sind von Christus eingesetzt und dürfen nur aufgrund besonderen kirchlichen Auftrags gespendet werden. Wie die kath. Kirche zählen auch die *orthodoxen* Kirchen seit dem 13. Jh. sieben Sakramente (Mysterien), die aufgrund der Anrufung des Hl. Geistes wirksam sind. Zu ihrem gültigen Vollzug ist nach orthodoxer Auffassung ein mit der Kirche Christi in kanonischer Gemeinschaft stehender Priester notwendig.

In den Kirchen der *Reformation* ist das Sakramentsverständnis besonders durch das Verhältnis zum Wort der Verkündigung bestimmt (z.T. als „sichtbares Wort" verstanden). Nach offizieller lutherischer Lehre (Apologie 13,3) sind Sakramente Riten (gottesdienstliche Handlungen), die auf eine ausdrückliche Einsetzung durch Jesus Christus zurückgehen und durch göttliche Verheißung ähnlich der röm.-kath. Auffassung Mittel göttlicher Gnade sind. Dies letztere gilt im Unterschied zur calvinistisch-reformierten Lehre, wo Sakramente als Vergewisserungszeichen für unseren Glauben gelten. In den Reformationskirchen kennt man nur zwei Sakramente: Taufe und Abendmahl. Luther und die Confessio Augustana konnten allerdings die Buße als drittes Sakrament nennen. Die anglikanische Kirche zählt Konfirmation, Buße, Ehe, Ordination und Krankensalbung als „kleine Sakramente" (minor sacraments).

Aus: Wörterbuch des Christentums. Patmos und Kösel Verlag, Düsseldorf und München, S. 1110, Artikel von Ulrich Kühn.

Jesus feiert mit seinen Jüngern das Abendmahl. Gemälde in der gotischen Wallfahrtskirche in Obermauern in Osttirol.

2. Die Entstehungsgeschichte des Christentums

Ich erinnere euch, Brüder, an das Evangelium, das ich euch verkündet habe. Ihr habt es angenommen; es ist der Grund, auf dem ihr steht. Durch dieses Evangelium werdet ihr gerettet, wenn ihr an dem Wortlaut festhaltet, den ich euch verkündet habe. Oder habt ihr den Glauben vielleicht unüberlegt angenommen? Denn vor allem habe ich euch überliefert, was auch ich empfangen habe:
Christus ist für unsere Sünden gestorben,
gemäß der Schrift,
und ist begraben worden.
Er ist am dritten Tag auferweckt worden,
gemäß der Schrift,
und erschien dem Kephas, dann den Zwölf.

Brief des Apostels Paulus an die junge christliche Gemeinde in Korinth, ca. 54 nach Christi Geburt geschrieben. Zitiert nach der Bibel, Neues Testament, Einheitsübersetzung. © Katholische Bibelanstalt, Stuttgart 1980, 1. Korinther 15,1-6

Die Berufung auf Jesus Christus

Alle christlichen Kirchen und Gruppierungen berufen sich letztlich auf Jesus Christus, der zu Beginn unserer Zeitrechnung in Palästina (dem Gebiet des heutigen Staates Israel und z.T. Jordaniens), das damals zum Römischen Reich gehörte, gelebt und gelehrt hat. Über sein Leben und seine Lehre geben verschiedene Schriften Auskunft, von denen die ersten einige Jahre nach seinem Tode, die letzten Anfang des 2. Jahrhunderts entstanden sind und als Predigtschriften von seinen Anhängern verfaßt worden sind. Es handelt sich dabei um Verkündigungen, in denen die (Glaubens-)Deutung und das historische Quellenmaterial aufs engste miteinander verflochten sind, so daß eine Entflechtung dieses Gesamtentwurfes nur schwer möglich ist und demnach die Scheidung zwischen den „reinen Fakten" und der Deutung nicht mehr einwandfrei vorgenommen werden kann. Dies gilt sowohl für die Schriften des NT, also den genuin christlichen Teil der Bibel, als auch für die außerbiblischen christlichen Schriften (die sog. Apokryphen), die in Form und Aufbau den neutestamentlichen Schriften gleichen, obwohl sie nicht als echte biblische (d.h. kanonische) Schriften anerkannt worden sind.

Aus: Peter Antes, Christentum – Eine Einführung. Kohlhammer Verlag, Stuttgart 1985, S. 28.

Wodurch kennen wir Jesus?

Jesus ist nach unserer Zeitrechnung etwa im Jahre 30 gestorben. Er hinterläßt kein einziges Schriftstück. Man kennt ihn nur durch Schriften, die über ihn verfaßt wurden. Es gibt vier Gruppen von Dokumenten, aus denen wir unsere Kenntnisse über Jesus schöpfen.

Die christlichen Dokumente

Sie bestehen größtenteils aus vier Dokumenten, den sogenannten Evangelien. Sie sind von den ersten Christen in der zweiten Hälfte des 1. Jh. n.Chr. verfaßt worden. Es sind keine Biographien über die irdische Geschichte Jesu von Naza-

ret, sondern Zeugenaussagen von gläubigen Menschen, die Jesus selbst als Christus, Gottes Sohn, schildern und seinen Tod und seine Auferstehung als erlösendes Heilsereignis zu verstehen geben.
Es existieren noch andere, nicht offizielle Dokumente. Man nennt sie *Apokryphen*, was soviel wie „verborgen, geheim" bedeutet. Sie werden vom 2. Jh. n. Chr. an verfaßt. Die bekanntesten sind die Evangelien des Petrus, des Thomas und des Jakobus.

Die heidnischen Dokumente

Tacitus, der römische Geschichtsschreiber, gibt in seinen Annalen, die er 116–117 n. Chr. geschrieben hat, Hinweise auf Jesus und den Namen Christus: „Christus, der Gründer der Sekte, war... auf Veranlassung des Prokurators Pontius Pilatus gekreuzigt worden..." (Annalen XV,44)

Die jüdischen Dokumente

Flavius Josephus, jüdischer Geschichtsschreiber (37-100 n. Chr.), gibt in seinen *Antiquitates Judaicae* zwei Hinweise auf Jesus.
Im Talmud, in der jüdischen Lehrsammlung der nachbiblischen Zeit, die im 3.-6. Jh. n. Chr. schriftlich festgehalten wurde, ist Christus aufgeführt.

Die moslemischen Dokumente

Der Koran, der im 7. Jh. n. Chr. in Arabien geschrieben wurde, spricht von Jesus. Was darin allerdings über ihn berichtet wird, scheint von den apokryphen Evangelien beeinflußt zu sein.

Aus: Ich entdecke die Welt der Bibel. Neues Testament. Otto Maier Verlag, Ravensburg 1989, S. 92/93.

Der äußere Verlauf des Lebens Jesu

Eine exakte Darstellung des Lebens Jesu im Sinne moderner Geschichtsschreibung ist nicht möglich. Die wichtigsten Quellen - die Evangelien - sind keine Biographien, sondern Glaubensdarstellungen [...], sie enthalten Legenden, Wundererzählungen und Deutungen Christi aus der Perspektive der Gläubigen. - Durch Kombination und Auslegung verschiedener Angaben läßt sich jedoch folgender Verlauf des Lebens Jesu erschließen:

- Jesu wurde ca. 6–4 v. Chr. in Palästina geboren, vermutlich in Nazaret. - Der Name „Jesus" bedeutet „Gott hilft".
- Seine Eltern heißen Josef[1] und Maria und wohnten in Nazaret.
- Josef war Handwerker; er führte die Holzarbeiten beim Hausbau aus, ähnlich wie der Zimmermann bei uns. Wahrscheinlich hat Jesus von seinem Vater diesen Beruf erlernt.
- Um das Jahr 28 schloß Jesus sich Johannes dem Täufer an. Johannes war ein Volksprediger; er kündigte das baldige Ende der Welt an und rief seine Zuhörer zu Buße und zu persönlicher Umkehr auf. Von Johannes ließ Jesus sich im Jordan taufen.
- Nachdem Jesus sich von Johannes getrennt hatte, trat er öffentlich als Wanderprediger in Galiläa auf.
- Er verkündete: „Die Herrschaft Gottes ist angebrochen. Ändert eure Einstellung!" [...]
- Grundlegend für Jesus ist sein vertrauensvolles Verhältnis zu Gott; er glaubt, daß Gott sich wie ein guter Vater jedem Menschen zuwendet.
- Als Zeichen der Nähe Gottes heilte Jesus Kranke. Er hielt Mahlgemeinschaft

mit Menschen, die von rechtgläubigen Juden verachtet wurden. Dieses Verhalten begründete er so: Es ist der Wille Gottes, daß alle Kinder Israels teilhaben an der Herrschaft Gottes. Niemand soll aus der Gemeinde ausgeschlossen sein.

- Jesus fragte nach der Begründung für religiöse Vorschriften: Gebote, die den Menschen unnötige Lasten auferlegen, widersprechen nach seiner Meinung dem Willen Gottes.
- Besonders radikal wirken bis heute die Forderungen Jesu, auf allen Reichtum zu verzichten und sogar seine Feinde zu lieben.
- Die Überzeugungskraft Jesu erwächst daraus, daß er selbst nach seinen Grundsätzen gelebt hat.
- Das Verhalten Jesu und seine Lehre stießen in einflußreichen Kreisen der jüdischen Priesterschaft auf Widerstand.
- Um das Jahr 30 wird Jesus durch jüdische Behörden festgenommen und mit Hilfe des römischen Statthalters Pilatus zum Tod verurteilt. In Jerusalem wird er am Kreuz hingerichtet.

[1] Nach der christlichen Überlieferung war Josef allerdings nur Vaters Statt, denn das Neue Testament (vgl. Matthäus 1,18-24; Lukas 1,26-38) sagt, daß Jesus ohne Zutun eines Mannes durch den Heiligen Geist empfangen und von der Jungfrau Maria geboren wurde.

Aus: Rüdiger Kaldewey/Franz W. Niehl: Grundwissen Religion. Begleitbuch für Religionsunterricht und Studium. Kösel Verlag, München 1984, S. 43 f.

Der historische Jesus und der Christus des Glaubens

Von Anfang an verehrt die Kirche Jesus Christus. Sie verehrt ihn als Erlöser und Sohn Gottes. Für das gläubige Bewußtsein war für lange Zeit die Verehrung Christi problemlos verschmolzen mit der Gestalt des Jesus aus Nazaret, von dem die Evangelien erzählen.

Erst in der Neuzeit wird diese Einheit zum Problem: Man nimmt wahr, daß die Kirche Aussagen über Christus macht, die die biblischen Grundlagen überschreiten. Man möchte sich deshalb vergewissern, wer Jesus tatsächlich war, unter welchen Umständen er gelebt hat und was er lehrte. Der spätere Glaube der Kirche kann dann als Auslegung der Gestalt Christi von dem Leben Jesu unterschieden werden.

Als Teilergebnis dieser langen Forschungsarbeit hat sich die Unterscheidung zwischen dem historischen Jesus und dem Christus des Glaubens bewährt.

Unter dem *historischen Jesus* versteht man

- den Verlauf des Lebens Jesu und
- die Inhalte seiner Verkündigung, soweit sie mit den Methoden der historischen Forschung ermittelt werden können. (Leitfrage: Was kann nach heutigem Erkenntnisstand zuverlässig über Leben und Lehre Jesu gesagt werden?)

Unter dem *Christus des Glaubens* versteht man demgegenüber die Interpretation Jesu durch die Gläubigen bzw. durch die Kirche. (Leitfrage: Was bedeutet Jesus Christus für den Gläubigen bzw. für eine Gruppe von Christen?)

Diese Interpretation (Auslegung) ist ein Akt religiösen Verstehens [...]. Die Gläubigen fragen, was Christus angesichts ihrer Situation bedeutet. Diese Aneignung der Christusüberlieferung unterliegt den Bedingungen der jeweiligen Zeit. Angesichts bestimmter Lebensverhältnisse, angesichts der Hoffnungen und

Ängste der jeweiligen Gegenwart wird gefragt, welcher Anspruch von der Gestalt Christi ausgeht. Es durchdringen sich dabei die Vorstellungen einer Zeit und die Überlieferungen von Jesus Christus. Insofern gibt es viele Christusbilder, und auch die heutige Zeit entwickelt das Bild vom „Christus des Glaubens" weiter. – Historisch beginnt dieser Prozeß mit dem Tod Jesu, und er läßt sich deutlich schon im Neuen Testament nachweisen. Schon dort wird die Gestalt Jesu neu ausgelegt und angesichts der Erfahrungen der frühen Gemeinden gedeutet [...].

Aus: Kaldewey/Niehl, ebenda, S. 44 f.

Gedanken aus unserem Jahrhundert zu Jesus

Der Stall, der Zimmermannssohn,
der Schwärmer unter kleinen Leuten,
der Galgen am Ende,
das ist aus geschichtlichem Stoff,
nicht aus dem goldenen,
den die Sage liebt.
Ernst Bloch

Erich Kästner: Dem Revolutionär zum Geburtstag

Zweitausend Jahre sind es fast,
seit du die Welt verlassen hast,
du Opferlamm des Lebens!
Du gabst den Armen ihren Gott.
Du littest durch der Reichen Spott.
Du tatest es vergebens!

Du sahst Gewalt und Polizei.
Du wolltest alle Menschen frei
und Frieden auf der Erde.
Du wußtest, wie das Elend tut
und wolltest allen Menschen gut,
damit es schöner werde.

Du warst ein Revolutionär
und machtest dir das Leben schwer
mit Schiebern und Gelehrten.
Du hast die Freiheit stets beschützt
und doch den Menschen nichts genützt.
Du kamst an die Verkehrten!

Du kämpftest tapfer gegen sie
und gegen Staat und Industrie
und die gesamte Meute.
Bis man an dir, weil nichts verfing,
Justizmord, kurzerhand, beging.
Es war genau wie heute.

Die Menschen werden nicht gescheit.
Am wenigsten die Christenheit,
trotz allem Händefalten.
Du hattest sie vergeblich lieb,
Du starbst umsonst. Und alles blieb
beim alten.

Aus: Erich Kästner, Gesammelte Werke I. Atrium Verlag, Zürich 1969, S. 211.

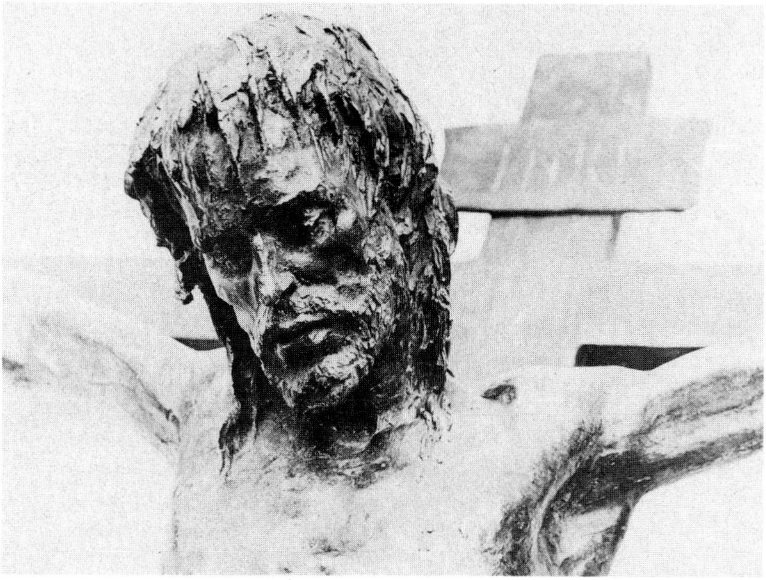

Christus am Kreuz. Neuzeitliches Kruzifix in der neuen Privatkapelle des Papstes im Vatikan in Rom.

Hätte Jesus vor einem modernen Gericht gestanden, so wäre er von zwei Ärzten untersucht worden; man hätte entdeckt, daß er an einer Zwangsvorstellung leide, er wäre für unzurechnungsfähig erklärt und in eine Anstalt geschickt worden: das ist der ganze Unterschied. *George Bernard Shaw*

Ich betrachte Jesus als einen großen Lehrer der Menschheit, aber ich sehe ihn nicht als den eingeborenen Sohn Gottes an... Jesus kam der Vollkommenheit so nahe wie möglich. Aber wer sagen wollte, er sei vollkommen, der leugnet, daß Gott höher steht als der Mensch.
[...] Ich darf sagen, Jesus nimmt in meinem Herzen den Platz eines der großen Lehrer ein, die auf mein Leben beträchtlich eingewirkt haben. [...] der historische Jesus hat mich nie beschäftigt. Es würde mich nicht einmal kümmern, wenn jemand nachgewiesen hätte, daß ein Mensch mit Namen Jesus nie gelebt habe, und daß das, was in den Evangelien erzählt wird, vom Schreiber kraft seiner Einbildung erdichtet worden sei. Die Bergpredigt bleibt für mich dennoch immer wahr. *Mahatma Gandhi*

Jesus ist nicht nur eine historische Gestalt wie andere Gestalten, über die man Monographien schreibt, wie zum Beispiel Mose, Augustinus und andere, Jesus ist außerdem für Millionen der „Sohn Gottes", „Erlöser der Welt", an dessen Auserwähltheit und dessen zentrale Stellung in der Geschichte man auf religiöse Weise glaubt. Deshalb sind Betrachtungen über ihn für eine unübersehbare Zahl von Menschen weit mehr als nur Gedanken über einen bloßen Gegenstand „historischer Forschung", sie fließen bei ihnen vielmehr zusammen mit einem Lebensstil, mit gewissen Erlebnissen, darunter auch gewissen „sonntäglichen Erlebnissen", Gefühlen einer Erhebung über den Alltag und seinen sinnlosen Lebensrhythmus, aber auch mit gewissen „letzten Fragen", mit Erlebnissen des Bedrohtseins, der Todesnähe, mit Erlebnissen des eigenen Versagens, der Schwäche, der Schuld. Aber sie erfahren Jesus auch im Zusammenhang mit Erlebnissen des Überwindens der eigenen Lebensnot und der Grausamkeit von Zufall und Geschick, als Trost in der enttäuschten Sehnsucht nach Freiheit, der unerwiderten Liebe. Anderen Menschen ist Jesus ganz im Gegenteil der zentrale Begriff für einen der größten und bedauerlichsten Irrtümer der menschlichen Geschichte: die christliche Religion. *Milan Machoveč*

Mein Leben ist bestimmt und ausgefüllt von einem Juden, der vor 2000 Jahren gelebt hat, von dem wir historisch nicht sehr viel wissen, und der zu einigen Menschen gesagt hat: „Ich schicke euch wie Lämmer unter die Wölfe." Dieses Wort hat merkwürdigerweise auch mich erreicht, und er schickt mich als ein Lamm unter die Wölfe und in diese wölfische Welt. Ich sage darauf zu ihm, das will ich nicht, denn erstens hat ein Lamm unter Wölfen keine Chance, und zweitens bin ich kein Lamm, sondern auch ein Wolf, genau wie wir alle hier mit unseren schönen Worten. Ich bin ein Mensch, dem es um sich selbst geht, der ein begrenztes Maß an Mut, aber auch ein ziemlich unbegrenztes Maß an Feigheit hat, der als Europäer zur Zeit von der Ausbeutung der dritten Welt profitiert, der in Dahlem ein kleines Haus mit Garten bewohnt und der es gerne gut haben möchte. Ich bin genauso ein Wolf wie die anderen. Der Jude von vor 2000 Jahren, Jesus, er bittet mich, ihm zu helfen in seiner Sache, die darin besteht, aus Wölfen Menschen zu machen und Kinder Gottes. Um ein Wort von Ludwig Feuerbach abzuwandeln, „Kandidaten des Diesseits und Kandidaten des Jenseits". Da er merkwürdigerweise mich dazu gebracht hat, ihm dabei zu helfen, frage ich ihn schließlich noch: Wenn ich für dich da bin, wer ist für mich da? Und darauf sagt er: Ich bin für dich da. Daß Jesus für uns da sein kann, für die Lämmer, die er unter die Wölfe schickt, soviel habe ich verstanden vom Evangelium. *Helmut Gollwitzer*

- ▷ Was ist Wissen, was Glauben in bezug auf Jesus?
- ▷ Angenommen, Jesus wäre nicht der Messias, könnte er auch als bloßer Mensch ein Vorbild sein?

Fröhlich und mit deutlichen Hipppieanklängen stellt sich der zeitgenössische amerikanische Künstler Willis S. Wheatley Jesus vor und stellt sich damit gegen die jahrhundertealte Vorstellung vom ernsten und leidenden Jesus.

3. Zur Geschichte des Christentums

Kurzgefaßter Überblick

Geschichtlich erhebt sich das Christentum auf dem Boden der jüdischen Religion des Alten Testaments als Erfüllung der dort gegebenen Weissagungen und zugleich als Überwindung der an das Volk Israel gebundenen Gesetzlichkeit und seiner politischen Hoffnungen. Das Urchristentum des 1. Jhs. sieht sich als ‚die Gottesgemeinde', das ‚wahre Israel', innerhalb des Judentums und lebt in der Erwartung der unmittelbaren Wiederkehr Christi. Bald entstehen judenchristliche Gemeinden in vielen Städten; Vorort bleibt Jerusalem. Als durch die in der ersten Jerusalemer Verfolgung Vertriebenen neue Gemeinden entstanden, schlossen sich auch Heiden an. In ihnen formte sich, vor allem durch die Tätigkeit des Apostels Paulus in Kleinasien und Griechenland, ein *Heidenchristentum*, gekennzeichnet durch die innerlich begründete Freiheit vom jüdischen Gesetz. In der Missionspredigt und in der Auseinandersetzung mit den anderen Religionen innerhalb des Römischen Reichs kommt es zur Aufzeichnung und zur Verdichtung des christlichen Glaubensgutes, zuerst in den Briefen des Apostels Paulus, den Evangelien und der Apostelgeschichte. In der Abgrenzung gegenüber dem Römertum organisiert sich das Christentum in Lehre, geordnetem Gottesdienst und Ämtern. Aus den Christenverfolgungen ergibt sich eine Fülle sittlicher Probleme, die nicht nur Ethik und Kirchenzucht ausbilden, sondern auch Stärkung und Verfestigung des Christentums als Organisation und Institution zur Folge haben. So ist bereits um 200 die frühkatholische Kirche ausgebildet. Schon früh bewies das Christentum stärkste geschichtsbildende Kraft. Es hat sich bis zum Ende des 2. Jahrhunderts, vor allem in der östlichen Reichshälfte, aber auch im Westen (Rom und einige Städte Italiens und Galliens) ausgebreitet; um 300 reicht es von Spanien bis nach Persien und Indien. Auch geistig und politisch wird es eine bestimmende Macht: eine alle Volksgrenzen sprengende Weltkirche unter einheitlicher Bischofsverfassung, bei gleichzeitiger Ausgestaltung des Vorrangs (Primat) des Bischofs von Rom als Nachfolger des Apostels Petrus (Matth. 16,18). Konstantin d. Gr. erkannte das politische Gewicht dieser Kirche und versuchte sie zur Klammer der bedrohten Einheit des Römischen Reiches zu machen (Toleranzedikt von Mailand, 313). Die weitere Ausbreitung des Christentums wurde durch das Eingreifen der Staatsgewalt beschleunigt. Immer schärfer ging sie gegen die heidnischen Kulte vor, durch äußeren Zwang, in blutigen Kämpfen wurde das Christentum durch den Staat zum Siege gebracht und 380 *Staatsreligion*. […]

Die Einheit der Kirche wurde 1054 durch die Spaltung (Schisma) in die abendländische (oder lateinische, meist katholisch genannte) und die morgenländische [orthodoxe] Kirche gebrochen. Von der katholischen Kirche trennte sich seit 1517 durch die Reformation der Protestantismus, 1534 die anglikanische Kirche ab. Im Zeitalter des modernen Individualismus entstanden neben den großen Kirchengemeinschaften (Konfessionen) durch Absonderung viele Freikirchen und Sekten. Im 20. Jh. ist eine Bewegung der Sammlung aller christlichen Gemeinschaften zu erkennen, die zum Zusammenschluß mit Ausnahme der römisch-katholischen Kirche in der ökumenischen Bewegung führte.

Aus: dtv-Lexikon, München: dtv Bd. 3. 1966, S. 138.

Die Entstehung der größeren, gegenwärtig bestehenden Kirchen

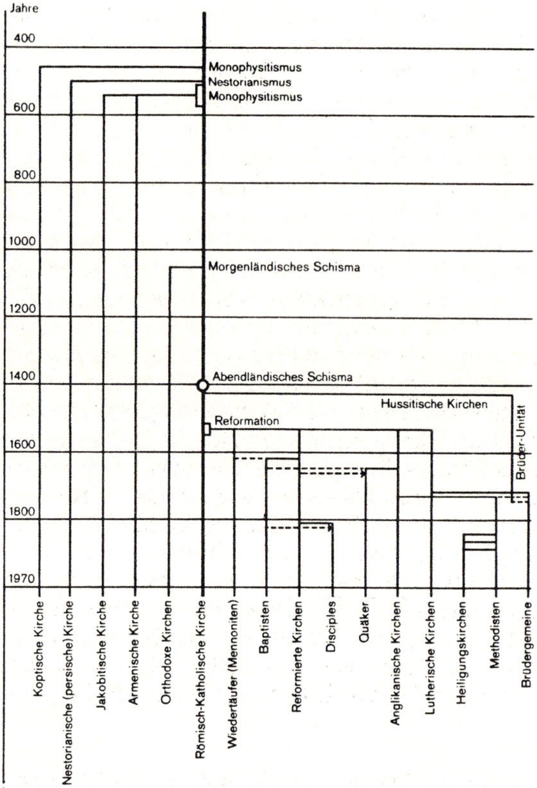

Die Aufspaltungen der christlichen Kirche

Die Vielfalt der christlichen Kirchen und Gruppierungen geht – genau genommen – auf drei große Spaltungen zurück, die im Abstand von jeweils ungefähr 500 Jahren die Christenheit aufs stärkste erschütterten:

Die erste große Spaltung geschah im 4./5. Jahrhundert als Folge des Streits um die Gottheit Christi und bewirkte, daß die Kirchen des Orients sich von der abendländischen Kirche trennten. So entstanden z.B. die koptische Kirche in Ägypten, die nestorianische Kirche im irakisch-iranischen Raum und die westsyrische (monophysitische/jakobinische) Kirche, während die Reichskirche unter der Führung der Patriarchen und des Papstes in Europa die abendländische Kirche bildete.

Im 11. Jahrhundert kam es dann innerhalb der abendländischen Kirche zur Spaltung, aus der die lateinische Westkirche (unter der Führung des Papstes) und die orthodoxe Ostkirche (unter der Führung mehrerer Patriarchen) hervorgingen.

Im 16. Jahrhundert (Reformationszeit) schließlich zerfiel die Westkirche in die römisch-katholische Kirche einerseits und die anglikanische Kirche sowie die protestantischen Kirchen andererseits.

Im Sinne dieses Zeitschemas wäre im 20. Jahrhundert mit einer neuen grundlegenden Veränderung zu rechnen. Ist diese vielleicht das Bemühen um die Einheit der Kirchen, wie es für die ökumenische Bewegung in diesem Jahrhundert typisch ist?

Graphik aus: Atlas zur Kirchengeschichte, hrsg. v. H. Jedkin u. a.. Freiburg 1970, S. 148. Begleittext von Peter Antes

Die Reformation: Spaltung in evangelisch und katholisch

Reformation [zu lateinisch reformatio „Umgestaltung, Erneuerung"], im Spät-Mittelalter Bezeichnung für die vielfach verlangte Erneuerung der Kirche an Haupt und Gliedern, seit dem 17. Jahrhundert Bezeichnung für die durch Luther ausgelöste religiöse Bewegung im 16. Jahrhundert. – Der **Beginn der Reformation** ist zwar eindeutig mit Luther gegeben, doch ist eine genaue Datierung umstritten (Veröffentlichung der 95 Ablaßthesen 1517, Durchbruch Luthers zur reformatorischen Erkenntnis 1513/15 oder 1518). [...] Im Selbstverständnis der aus der Reformation hervorgegangenen Kirchen ist Reformation nicht eine in sich geschlossene Bewegung des 16. Jahrhunderts, sondern ein Wesensmerkmal der Kirche selbst und dauert somit ständig an. – Dennoch hat auch die Reformation, wie jedes historische Ereignis, ihre **Vorgeschichte**: das übersteigerte Streben der Kirche des Hoch- und Spät-Mittelalters nach politischer Weltherrschaft, ihr politisches Scheitern und die nachfolgende totale Abhängigkeit vom französischen Königtum (Avignonisches Exil), die weitgehende Befangenheit des Renaissancepapsttums in weltlichen Interessen und die dadurch notwendige Finanzpolitik (Ablaßhandel) sowie vieles andere das aus all dem resultierende Unbehagen der Gläubigen an der offiziellen Kirche. – Dieses Unbehagen und das Anliegen der unzähligen Frommen, die auf ihr religiöses Fragen von dieser Kirche keine oder keine ausreichende Antwort bekamen, traf Luther mit seiner Botschaft der Rechtfertigung aus dem Glauben, mit seiner Auslegung des Evangeliums; so fielen Ungezählte ihm und der Reformation zu, die trotz allen Widerstands der Kirche, des Kaisers und der katholischen Stände sich bald über ganz Deutschland ausbreitete. Luther war ursprünglich weit von der Absicht der Gründung einer neuen Kirche entfernt, er war vielmehr fest davon überzeugt, daß sein Handeln, das der Reinigung der Kirche von Mißbräuchen und Irrtümern galt, die volle Billigung

Die Geschäfte des päpstlichen Ablaßhändlers Tetzel, der Sündenablaß gegen Geld erteilte, um den Petersdom in Rom zu finanzieren, waren einer der Anläße für Martin Luther, gegen die Sittenverderbnis in der Kirche aufzubegehren.

Die 1568 als Flugblatt verteilte Karikatur zeigt Luther und protestantische Reformatoren, die dem auf wankendem Thron sitzenden Papst und seiner mit kath. Mummenschanz behängten Gefolgschaft die Bibel als alleinige Autorität des Glaubens entgegenhalten.

der offiziellen kirchlichen Instanzen finden würde. Erst als er von diesen immer wieder zurückgewiesen wurde und erfahren mußte, daß die Kirche (v. a. die römische Kurie) die Irrlehren und Mißbräuche, die er angriff, für rechte Lehre und rechten Brauch hielt, wurde er Schritt für Schritt weitergedrängt, bis ihm schließlich die Institution des Papsttums als Antichrist erschien, der mit seiner angemaßten Herrschaft über die Seelen die Zerstörung der Kirche Christi bedeutet. – Die rasche Ausbreitung der Reformation in Deutschland ist aber nicht ausschließlich Luther zu verdanken, sondern neben ihm zahlreichen Reformatoren, die die Reformation entweder in ganz Deutschland oder in einzelnen Provinzen beziehungsweise Städten durchzuführen geholfen haben: P. Melanchthon, J. Bugenhagen, J. Jonas, N. von Amsdorf, J. Brenz, M. Bucer, A. Osiander, W. Capito, C. Hedio, J. Heß und zahllose andere. Die Reformation in Deutschland ist nicht von oben nach unten, sondern von unten nach oben durchgesetzt worden. [...] Schon früh hat die Reformation auch außerhalb Deutschlands Fuß gefaßt, v. a. in der Schweiz, den Niederlanden und Skandinavien. [...]
Die **Auswirkungen der Reformation** reichen weit: Die Reformation schuf nicht nur die Voraussetzung für die protestantischen Kirchen, sondern auch für die innere Selbstbesinnung der katholischen Kirche, die mit dem Konzil von Trient (1545–63) begann und bis zum 2. Vatikanischen Konzil und dessen Nachwirkungen reicht. Mit der Reformation ist zum ersten Mal die Einheit und Uniformität mittelalterlichen Glaubens und Denkens zur Pluralität hin durchbrochen. Selbst das säkularistische [weltlich-kirchenunabhängige] Denken der Moderne nimmt aus der Reformation seinen Anfang und seine Voraussetzungen.

Aus: Meyers Großes Taschenlexikon in 24 Bänden. Bibliographisches Institut, Mannheim 1981, Band 18, S. 132/133.

▷ Wie wird das Christentum zu einer der mächtigsten Religionen?
▷ Was führte zur Reformation? (Informieren Sie sich auch in Geschichtswerken über die weltlichen Aspekte dieser „Revolution".)
▷ Welche Unterschiede und Gemeinsamkeiten haben die großen christlichen Kirchen?

Die ökumenische Bewegung der Neuzeit

Seit 1910 zeichnet sich unter den Christen eine Bewegung ab, die der Spaltung der letzten Jahrhunderte entgegenwirkt. Seitdem 1948 in Amsterdam der Weltrat der Kirchen definitiv gebildet wurde, begann die Bewegung (die ökumenische Bewegung) deutlich Gestalt anzunehmen.

Dieser Weltrat will keine neue, alle Kirchen überwölbende Kirche sein, keine ‚Weltkirche', sondern, wie es 1961 in Neu-Delhi endgültig formuliert wurde: „Der ökumenische Rat ist ein brüderlicher Zusammenschluß von Kirchen, die Jesus Christus nach der Schrift als Gott und Erlöser anerkennen und sich bemühen, zusammen ihrer gemeinsamen Berufung zu entsprechen zur Ehre des einen Gottes, des Vaters und des Sohnes und des Heiligen Geistes." Der Rat beabsichtigt, die Christen in ihrer gemeinsamen Berufung für die ganze Menschheit zu vereinigen, eine Berufung von Verkündigung, Einheit und Dienstleistung (Martyria, Koinonia, Diakonia).

Fast alle nicht katholischen Kirchengemeinschaften sind dem Weltrat angeschlossen. Die katholische Kirche hat sich anfangs offiziell etwas kühl zurückhaltend gezeigt, besonders was den Kontakt mit den Protestanten angeht, weniger in bezug auf das Gespräch mit den Ostkirchen. Wohl gab es immer einzelne Gruppen, erfüllt von tätiger Sorge um die Einheit.

Seit dem großen Konzil des Papstes Johannes nimmt das Einheitsverlangen immer mehr Gestalt an und erhält immer mehr Chancen, was u. a. aus der Gründung des ‚Sekretariats zur Förderung der Einheit der Christen' im Jahre 1960 hervorgeht. Stetig gewinnt die Überzeugung Raum, daß das ökumenische Verlangen nicht bedeuten muß, bei der Suche nach Gottes Wahrheit gleichgültiger zu sein, vielmehr gerade auf die verpflichtende Wahrheit zu achten, wie es das Zweite Vatikanum erklärt: Es ist „notwendig, daß die Katholiken die wahrhaft christlichen Werte aus dem gemeinsamen Erbgut, die bei unseren getrennten Brüdern angetroffen werden, mit Freude erkennen und hochachten. Es ist billig und recht, die Reichtümer Christi und die Wirksamkeit der Tugenden im Leben der anderen anzuerkennen, die für Christus Zeugnis geben, manchmal bis zum letzten Blutstropfen." (Dekret über den Ökumenismus, § 4.)

Jahrhundertelang konnte man in der Christenheit eine Bewegung auseinanderstrebender Linien beobachten; nun sieht es so aus, als ob wir vor dem Schauspiel stünden, daß die Linien sich zurückbiegen und anfangen, wieder aufeinander zuzulaufen entsprechend dem Gebet Jesu, auf daß alle eins seien. Für diese Bewegung offen sein: durch Gebet, durch ständige Bekehrung und Erneuerung, durch Studium der Quellen des Glaubens und der verschiedenen Überlieferung, durch Bereitschaft, auch liebgewordene Formen zu verlassen, durch ehrliches, geduldiges Gespräch, durch den Ernst, der allzu gemächliche Abkürzungen vermeidet, durch Liebe zum kleinsten und ärmsten Menschen in der eigenen und in der anderen Kirchengemeinschaft, durch Zusammenarbeit im Dienste der ganzen Menschheit – das schenkt die Erquickung und die Freude des guten Geistes.

Aus: Glaubensverkündigung für Erwachsene. Herder Verlag, Freiburg 1968, S. 126/127.

4. Grundpositionen des Christentums

Das Neue Testament

Jesus Christus erhob den Anspruch, der Retter und Heilbringer zu sein, den Gott im Alten Testament verheißen hatte. So übernahm die christliche Kirche das Alte Testament [die hebräische Bibel] als Heilige Schrift; daneben überlieferte sie die Worte Jesu und die Berichte über seine Taten und sein Schicksal. Die Worte Jesu wurden schon früh aufgezeichnet, um sie für die Glaubensunterweisung, die Verkündigung im Gottesdienst und für die Missionspredigt verwenden zu können. Bald wurden auch die Berichte über das Leiden Jesu und über die Ereignisse nach seinem Tod niedergeschrieben. Markus verfaßte als erster ein Evangelium. Weitere Evangelienbücher folgten. Daneben entstanden auch andere urchristliche Schriften verschiedenster Art: Briefe von Aposteln und führenden Männern der Kirche an christliche Gemeinden und einzelne Persönlichkeiten; eine Geschichte der jungen Kirche bis zum Aufenthalt des Apostels Paulus in Rom; theologische Lehrschriften, seelsorgliche Anweisungen und ein prophetisches Buch über das Schicksal der Kirche in Gegenwart und Zukunft. Alle diese Schriften wurden etwa zwischen 50 und 120 n. Chr. abgefaßt.
Die im Neuen Testament, dem Buch des Neuen Bundes, enthaltenen urchristlichen Schriften wurden von der Kirche des 2. Jahrhunderts gesammelt, weil sie den Glauben der apostolischen und nachapostolischen Zeit auf zuverlässige Weise bezeugen. Nach Auffassung der Kirche sind sie unter dem Beistand des Heiligen Geistes abgefaßt worden. Sie galten von früh an als für den Glauben und das Leben der Kirche maßgebliche Urkunden (kanonische, das heißt maßgebliche Schriften). Obwohl einige Schriften (Hebr, Jak, 2 Petr, Offb) noch bis ins 4. Jahrhundert umstritten blieben, hat sich der in der Kirche gültige „Kanon" (verbindliches Verzeichnis) im wesentlichen in der zweiten Hälfte des 2. Jahrhunderts durchgesetzt. Er weist heute folgende Ordnung auf: die vier Evangelien und die Apostelgeschichte, dreizehn Briefe des Apostels Paulus, der Brief an die Hebräer, die sieben sog. Katholischen Briefe und die Offenbarung des Johannes.

Aus: Die Bibel. Einheitsübersetzung. Vorwort zum Neuen Testament.

Der allgütige Vatergott

In jener Stunde kamen die Jünger zu Jesus und fragten: Wer ist im Himmelreich der Größte? Da rief er ein Kind herbei, stellte es in ihre Mitte und sagte: Amen, das sage ich euch: Wenn ihr nicht umkehrt und wie die Kinder werdet, könnt ihr nicht in das Himmelreich kommen. Wer so klein sein kann wie dieses Kind, der ist im Himmelreich der Größte. Und wer ein solches Kind um meinetwillen aufnimmt, der nimmt mich auf. [...] Hütet euch davor, einen von diesen Kleinen zu verachten! Denn ich sage euch: Ihre Engel im Himmel sehen stets das Angesicht meines himmlischen Vaters. Was meint ihr? Wenn jemand hundert Schafe hat und eines von ihnen sich verirrt, läßt er dann nicht die neunundneunzig auf den Bergen zurück und sucht das verirrte? Und wenn er es findet – amen, ich sage euch: er freut sich über dieses eine mehr als über die neunundneunzig, die sich nicht verirrt haben. So will auch euer himmlischer Vater nicht, daß einer von diesen Kleinen verlorengeht.

Aus: Die Bibel. Einheitsübersetzung. Matthäus-Evangelium 18,1-5 und 10-14.

Glaube und Nachfolge

Das Wesen des Christentums besteht darin, daß es *stets sich auf Jesus Christus beziehender und gelebter Glaube ist*. [...] Mit dieser Aussage ist – ohne jede lehrhafte Differenzierung – der Inhalt des christlichen Glaubens gemeint, der in dieser steten Bezogenheit auf Jesus Christus seinen eigentlichen Ausdruck findet. Sodann ist mit dieser Formulierung die Umsetzung dieses Glaubens in das Leben angesprochen, die vom Glauben nicht getrennt werden kann. Weil sie an dem Leitbild Jesus Christus orientiert ist, ist sie als die „Nachfolge" Jesu zu verstehen. Jesus hat ja selbst nach dem Zeugnis der Evangelien zu dieser Nachfolge aufgerufen [...]: der Glaubensinhalt drängt zur Tat, und die Tat läßt stets nach dem Grund des Glaubens fragen.

Aus: Peter Meinhold: Die Religionen der Gegenwart. Ihre Herkunft – ihre Besonderheiten – ihr Beitrag zur Lösung der Weltprobleme. Herder Verlag, Freiburg 1978, S. 260 f.

Das Glaubensbekenntnis

Die für Christen verbindlichen Glaubensinhalte sind in einem kirchlichen Bekenntnis formuliert. Ein für das Glaubensbekenntnis gebrauchter Begriff ist das nach dem Anfangswort benannte *Credo* (lat. „ich glaube").
Den christlichen Kirchen westlicher Tradition ist das *Apostolische Glaubensbekenntnis*, auch *Apostolikum* bzw. *Symbolum Apostolicum* genannt, gemeinsam. Es ist aus einem römischen Taufbekenntnis des 3./4. Jh. hervorgegangen und bezeugt, wie sein Name besagen will, den Glauben der Apostel. Seit dem Jahre 1971 ist ein – mit Ausnahme des 3. Teils „die heilige... Kirche" – einheitlicher Text für den deutschen Sprachraum durch die römisch-katholische und die altkatholische Kirche sowie durch die evangelischen Kirchen in Deutschland eingeführt.

ICH GLAUBE AN GOTT, den Vater, den Allmächtigen, den Schöpfer des Himmels und der Erde, UND AN JESUS CHRISTUS, seinen eingeborenen Sohn, unsern Herrn, empfangen durch den Heiligen Geist, geboren von der Jungfrau Maria, gelitten unter Pontius Pilatus, gekreuzigt, gestorben und begraben, hinabgestiegen in das Reich des Todes, am dritten Tage auferstanden von den Toten, aufgefahren in den Himmel; er sitzt zur Rechten Gottes, des allmächtigen Vaters; von dort wird er kommen, zu richten die Lebenden und die Toten. ICH GLAUBE AN DEN HEILIGEN GEIST, die heilige *katholische/ christliche/ allgemeine christliche* Kirche, Gemeinschaft der Heiligen, Vergebung der Sünden, Auferstehung der Toten und das ewige Leben. Amen.

Es ist eine frühchristliche Gewohnheit, dieses Symbolum dreigeteilt zu sehen, wobei man sich im 1. Teil zur ersten göttlichen Person als Vater und Schöpfer, im 2. Teil zur zweiten Person als Sohn Gottes und Erlöser und im 3. Teil zur dritten Person und ihrem Heilswirken im Glauben bekennt.

Aus: Gerhard J. Bellinger, Knaurs großer Religionsführer. Droemer Knaur Verlag, München 1986, S. 114.

▷ S. 36–46: Welche Glaubensmomente sind ganz spezifisch christlich?

Zum Gottesbegriff

Eine Grundaussage des christlichen Glaubens lautet folglich (siehe vorhergehenden Text): ICH GLAUBE AN GOTT. Was aber ist mit GOTT gemeint? In einer gemeinsamen Erklärung des Rates der Evangelischen Kirche in Deutschland und der Deutschen Bischofskonferenz über „Grundwerte und Gottes Gebot" von 1979 wird die Frage nach Gott mit der Frage nach dem Sinn verknüpft und dann heißt es wörtlich:

Gewiß gibt es vom Menschen her in mehreren Stufen eine erste Antwort auf der Suche nach Sinn: Erfolg, glückliche Stunden, bereichernde menschliche Begegnungen, Einsatz für andere, Geborgenheit. Solche und ähnliche einzelne Sinnerfahrungen können jedoch nicht verbergen, daß viele Menschen an deren Vorläufigkeit, Zweideutigkeit und Brüchigkeit leiden. Das Ganze eines gelungenen Lebens ist gestört. Hinzu kommen die Erfahrungen der Vergeblichkeit und des Scheiterns. Hier gelangen menschliche Sinnantworten an eine grundlegende Grenze. Der Mensch kann sich die letzten Antworten auf die letzten Fragen nicht selbst geben und sich vor allem nicht das Heil verschaffen, d. h. sein Dasein und die Welt im ganzen zu einer endgültigen Erfüllung bringen. Dies wird besonders an der Grenze des Todes sichtbar: Vom Menschen allein her entworfene Sinnantworten enden spätestens an dieser Schwelle, aber sie stranden zugleich auch daran. Eine tragfähige Beantwortung der Sinnfrage aber muß über diese Schwelle hinausreichen. Sie kann den Tod nicht von der Sinnerfüllung trennen. Die biblische Offenbarung zeigt, daß die Erfüllung der menschlichen Sinnfrage in der geschichtlichen Zuwendung und Herabneigung Gottes zum Menschen und zur Welt geschieht. „Sinn" ist nicht ein anonymes Es, sondern hat einen konkreten Namen. Als ein dem Menschen zugewandtes Ich und darin anrufbares „Du" erschließt sich Gott seinem erwählten Volk und darin auch den einzelnen, die durch sein Wort und durch seinen Anspruch aus der Menge zu ihrer Verantwortung gerufen werden. Die Zuwendung Gottes zur Welt erreicht ihren unüberbietbaren Höhepunkt in der Sendung seines Sohnes, der durch sein Wort und das Werk seines Lebens, im Leiden und in der Auferstehung vollendet, Befreiung von der Macht des Todes, der Sünde und des Gesetzes bringt.

Aus: Grundwerte und Gottes Gebot: Gemeinsame Erklärung des Rates der evangelischen Kirche in Deutschland und der Deutschen Bischofskonferenz, hrsg. von der Kirchenkanzlei der Evangelischen Kirche in Deutschland und dem Sekretariat der Deutschen Bischofskonferenz. Gütersloher Verlagshaus Mohn und Paulinus-Verlag, Trier 1979, S. 21f.

Die Zehn Gebote

Dann sprach Gott alle diese Worte: Ich bin Jahwe, dein Gott, der dich aus Ägypten geführt hat; aus dem Sklavenhaus. Du sollst neben mir keine anderen Götter haben. Du sollst dir kein Gottesbild machen und keine Darstellung von irgend etwas am Himmel droben, auf der Erde unten oder im Wasser unter der Erde. Du sollst dich nicht vor anderen Göttern niederwerfen und dich nicht verpflichten, ihnen zu dienen. Denn ich, der Herr, dein Gott, bin ein eifersüchtiger Gott: Bei denen, die mir feind sind, verfolge ich die Schuld der Väter an den Söhnen, an der dritten und vierten Generation; bei denen, die mich lieben und auf meine Gebote achten, erweise ich Tausenden meine Huld. Du sollst den Namen des Herrn,

deines Gottes, nicht mißbrauchen; denn der Herr läßt den nicht ungestraft, der seinen Namen mißbraucht.
Gedenke des Sabbats: Halte ihn heilig! Sechs Tage darfst du schaffen und jede Arbeit tun. Der siebte Tag ist ein Ruhetag, dem Herrn, deinem Gott, geweiht. An ihm darfst du keine Arbeit tun: du, dein Sohn und deine Tochter, dein Sklave und deine Sklavin, dein Vieh und der Fremde, der in deinen Stadtbereichen Wohnrecht hat. Denn in sechs Tagen hat der Herr Himmel, Erde und Meer gemacht und alles, was dazugehört; am siebten Tag ruhte er. Darum hat der Herr den Sabbattag gesegnet und ihn für heilig erklärt.
Ehre deinen Vater und deine Mutter, damit du lange lebst in dem Land, das der Herr, dein Gott, dir gibt.
Du sollst nicht morden.
Du sollst nicht die Ehe brechen.
Du sollst nicht stehlen.
Du sollst nicht falsch gegen deinen Nächsten aussagen.
Du sollst nicht nach dem Haus deines Nächsten verlangen. Du sollst nicht nach der Frau deines Nächsten verlangen, nach seinem Sklaven oder seiner Sklavin, seinem Rind oder seinem Esel oder nach irgend etwas, das deinem Nächsten gehört.

Aus: Die Bibel. Einheitsübersetzung. Altes Testament, Exodus (2. Buch Mose), Kapitel 20,1-17. Katholische Bibelanstalt, Stuttgart 1980.

Die kirchliche Auslegung der Zehn Gebote

Nach biblischer Überlieferung hat Mose, der die Israeliten aus der ägyptischen Gefangenschaft hinausführte, die zwei Tafeln mit den Zehn Geboten persönlich von Gott (Jahwe) auf dem Berg Sinai empfangen. Für die christliche Tradition gelten die Zehn Gebote als eine entscheidende Antwort des Menschen auf die Zuwendung Gottes zu ihm und als Zeichen der Nachfolge Christi.
In den Zehn Geboten ist zunächst von Pflichten gegenüber Gott die Rede (erste mosaische Tafel mit den ersten drei Geboten), danach beinhalten die Gebote Anweisungen für das Zusammenleben mit anderen Menschen in der Familie und der Gesellschaft (zweite mosaische Tafel mit den Geboten 4 bis 10).
In der 1979 erschienenen „Gemeinsamen Erklärung des Rates der evangelischen Kirche und der Deutschen (katholischen) Bischofskonferenz zu Grundwerten des Glaubens und Gottes Gebot“ werden die Zehn Gebote folgendermaßen ausgelegt:

Das erste Gebot verheißt dem Menschen den letzten Halt seines Lebens und damit wirklichen Sinn nicht ohne Grund. Hinter der Zusage
„Ich bin der Herr, Dein Gott“ steht die lebendige Erinnerung an das befreiende und erlösende Handeln Gottes beim Auszug aus Ägypten. […] Gottes Gebote leben von der Erfahrung des immer wieder rettenden Gottes. Sie ermächtigen zum Glauben, daß der Mensch sich auf Gott als letzten Grund seines Daseins verlassen darf. Dieser Glaube, der freilich vor Anfechtungen nicht verschont bleibt, umspannt jede Zukunftsangst und alle Erschütterungen unseres Vertrauens in die Menschen und in die Welt. […]
„Du sollst den Namen Gottes nicht verunehren“ (zweites Gebot): Das Gebot, den Namen Gottes nicht zu verunehren, will zuerst die Freiheit und Souveränität des wahren Gottes betonen. Er soll nicht menschlichen Absichten untergeordnet werden. „Meine Wege sind nicht eure Wege!“ Erst recht darf im Namen Gottes keine gewalttätige Macht ausgeübt werden. Wo Mißachtung und Unterdrückung an Menschen geschehen, ergreift Gott Par-

tei und schlägt sich auf die Seite der Schwachen und Wehrlosen. Dieses Gebot hat darum auch eine erläuternde Aufgabe für die Aussage der „zweiten Tafel“: bevor z. B. Machtmißbrauch Unrecht an Mitmenschen ist, ist er schon ein radikaler Mißbrauch des Gottesglaubens. [...]

„Gedenke, daß Du den Sabbat heiligst“ (drittes Gebot): [...] Für das alttestamentliche Gottesvolk ist dies der Sabbat, für das Neue Testament der Sonntag [...]. Sonntagsheiligung bedeutet zuerst, den Menschen aus allem Frondienst herauszunehmen. Der Wechsel von Arbeit zu Ruhe bezeugt letztlich auch die Gottesruhe am siebten Tag der Schöpfung. Das Leben vor Gott soll ein befreites, ein menschliches Leben sein. Der Mensch ist mehr als seine Arbeit. [...]

„Du sollst Deinen Vater und Deine Mutter ehren, auf daß Du lange lebest im Lande, das Dir der Herr, Dein Gott geben will“ (viertes Gebot): Dieses Gebot wendet sich ursprünglich an den erwachsenen freien Israeliten. Es nimmt ihn für die Versorgung seiner alten Eltern, d. h. konkret der arbeitsunfähigen Generation in Pflicht. Das Gebot hat in einer langen Auslegungstradition eine Deutung erfahren, die außer den Eltern auch die „Herren“ einbezog und alle Formen eines mangelnden Gehorsams oder einer verweigerten Wertschätzung verurteilte. [...] Das Gebot ruft uns dazu auf, uns um ein menschenwürdiges Zusammenleben der Generationen zu bemühen, den Lebensunterhalt und – nicht zuletzt – die soziale Anerkennung der nicht mehr Arbeitsfähigen zu sichern. [...]

„Du sollst nicht töten“ (fünftes Gebot): In diesem Gebot wird im Alten Testament das Verbot des gesetz- und gemeinschaftswidrigen Tötens angesprochen. Tötungen im Rechtswesen oder im Krieg waren damit nicht ausgeschlossen. Die Bergpredigt hat die Wurzeln des menschlichen Handelns aufgezeigt, die zum Töten führen können, nämlich Neid, Haß und Zorn. Sie hat das fünfte Gebot durch das Gebot der Feindesliebe überhöht und damit jegliche Tötung in Frage gestellt. [...]

Weil das Leben nicht nur im physischen Sinn von Zerstörungen bedroht ist, sind mit der Achtung des Gebotes auch Handlungen indirekter Lebensbeschädigungen oder Lebensvernichtung durch Entziehen, Zerstören und Vorenthalten von Lebensmöglichkeiten unvereinbar. Ebenso unvereinbar ist die bloß objekthafte Einschätzung des Lebens des anderen, das materialistische Verständnis des Menschen ohne Wertschätzung seines Personseins. Das Gebot erinnert umfassend daran, daß es Gottes Willen widerspricht, menschliches Leben zu zerstören und zu beeinträchtigen. Mit gesteigerter Dringlichkeit gilt diese Verpflichtung für das Leben dort, wo immer es besonders schutzbedürftig ist, zum Beispiel bei den Ungeborenen, den unheilbar Leidenden und bei den Sterbenden. [...] Dieser aufgegebene Schutz des Lebens fordert das Eintreten für Frieden zwischen den Völkern und für befriedende staatliche Ordnungen, die Tötungen im Kriege oder im Rechtswesen vermeiden helfen. Manche Christen interpretieren das fünfte Gebot dahingehend, daß sie Krieg und Wehrdienst unter allen Umständen ablehnen. [...]

„Du sollst nicht ehebrechen“ (sechstes Gebot): Nach dem ursprünglichen Verständnis soll dieses Gebot die Ehe des Israeliten vor Zerstörung durch Ehebruch schützen. Die Kultur Israels kannte den Stand der Unverheirateten nur als seltenen Ausnahmefall. Außerdem war Frühheirat üblich. Manche heutigen Probleme der vorehelichen Sexualbeziehungen konnten damals nicht im unmittelbaren Blickpunkt dieses Gebotes stehen. Die Auslegung des Gebotes durch die Bergpredigt, verstärkt durch die augustinische Tradition, erweiterte das Verständnis des Gebotes auf den gesamten Bereich des sexuellen Begehrens. Dies konnte in manchen Auslegungstraditionen zu einer grundsätzlichen sexualfeindlichen Einstellung führen.

Heute ist erneut an den Ursinn des Gebotes zu erinnern, die eheliche Treue zu schützen. In der gegenwärtigen Diskussion um die Institution der Ehe und angesichts des Steigens der Ehescheidungsquoten erinnert das Gebot daran, daß die Ehe als soziale Institution die Partner auf Lebenszeit in Freude und Leid verbindet. Es richtet keinen Zwang zur Ehe auf; das Neue Testament kennt sehr wohl die Ehelosigkeit als besondere christliche Lebensmöglichkeit. Gottes Wille zielt auf die Einbindung der Sexualität in die Humanität und auf die Integration des sexuellen Verhaltens in die Personalität. Dem haben Sexualverständnis und Gesamterziehung zu dienen. Das Gebot intendiert Liebe, Partnerschaft, gegenseitige Annahme, Verläßlichkeit und Verantwortlichkeit. Diese Achtung des Menschen und seiner Würde bedarf angesichts einer heute vom Personalen abgespaltenen Einstellung zur Sexualität sowie der Kommerzialisierung des Sexuellen und des Verlustes des Schamgefühls einer erneuten Einschärfung. Die zu beobachtende Tendenz, die Sexualität und die Person zu einem Objekt zu machen, widerspricht der Gottebenbildlichkeit des Menschen.

„Du sollst nicht stehlen" (siebtes Gebot): Dieses Gebot bezog sich zunächst auf das Verbot des Menschendiebstahls, dann aber auch auf die Wegnahme beweglicher Habe, so vor allem der für den Nomaden lebensnotwendigen Tiere. [...] Das Gebot stellt das persönliche Eigentum des Menschen unter den Schutz Gottes, weil es dem Menschen die Möglichkeit der Verwirklichung personaler Freiheit gewährt. Diebstahl ist untersagt, weil er Beeinträchtigungen der persönlichen Freiheit des Geschädigten bewirkt. [...] Das Gebot will umfassend die Lebenschancen des Mitmenschen und die Achtung und Förderung der Entfaltungsmöglichkeiten anderer sichern. Man kann dieses Gebot für die heutige Zeit deshalb in der Forderung zusammenfassen: „Du sollst nicht nur zu Deinem Vorteil auf Kosten Deiner Mitmenschen leben." [...]

„Du sollst nicht falsch Zeugnis reden wider Deinen Nächsten" (achtes Gebot): Das Gebot hatte ursprünglich seinen Sitz im Leben der Rechtspflege. Es zielte darauf ab, den freien Israeliten zu einer unparteilichen und objektiven Rechtswahrung zu verpflichten, wenn er als Zeuge oder Richter bei der Rechtsfindung in der israelitischen Rechtsgemeinschaft mitzuwirken hatte. Auch heute dient das Gebot der Sicherung einer an Recht und Gerechtigkeit ausgerichteten Rechtsordnung.

Zur Achtung der Rechtsordnung im allgemeinen trat in der Auslegung des Gebotes auch die Wahrung des guten Rufes und damit der Ehre des Nächsten hinzu. Die Ehre und der gute Ruf des Menschen sind soziale Güter. Wem die Ehre genommen wird, wer seinen guten Ruf verliert, wird dadurch gesellschaftlich geächtet. [...] Das Gebot zielt auf die Wahrung eines Vertrauensbereiches und auf die Achtung der Würde des Menschen, wie sie menschliche Gemeinschaft voraussetzt. Zugleich erinnert es daran, daß Wahrheit im Umgang der Menschen miteinander ein hoher Wert ist.

„Du sollst nicht begehren" (neuntes und zehntes Gebot): Im Alten Testament geht es hierbei um das Verbot einer ganz bestimmten Verhaltensweise: Es sind ursprünglich die unrechtmäßigen Machenschaften und Manipulationen, die untersagt werden. Die Forderung enthält, um es mit einer Formulierung Martin Luthers aus dem Großen Katechismus auszudrükken, das Verbot des „im Trüben Fischens" oder von Bemühungen, andere über das Ohr zu hauen. Dieses Gebot untersagt die Gesinnung der Habgier, des Neides und der Selbstsucht. Angesichts einer Gesellschaft des Anspruchdenkens und der Verfechtung von Eigeninteressen, die auch auf Kosten anderer und zu Lasten der Allgemeinheit gehen, ist mit dem Gebot daran zu erinnern, daß Mitmenschlichkeit zu den Grundvoraussetzungen menschlichen Lebens gehört. Das Gebot fragt damit nach den Wertvorstellungen, die in dieser Gesellschaft in Theorie und Praxis leitend sind. [...]

Abschließend wird gesagt:

Wenn die Kirche die Zehn Gebote in Predigt und Unterweisung lehrt und auslegt, so ruft sie damit zum Glauben auf. Dies drängt und berechtigt sie jedoch zugleich dazu, auch Staat und Gesellschaft auf Grundnormen menschlichen Zusammenlebens hinzuweisen, wie sie in der zweiten Tafel des Dekalogs enthalten sind.

Aus: Grundwerte und Gottes Gebot: Gemeinsame Erklärung des Rates der evangelischen Kirche in Deutschland und der Deutschen Bischofskonferenz, hrsg. von der Kirchenkanzlei der Evangelischen Kirche in Deutschland und dem Sekretariat der Deutschen Bischofskonferenz. Gütersloher Verlagshaus Mohn und Paulinus-Verlag, Trier 1979, S. 22, 25 f., 27, 30 f., 32–37, 40.

Die neue Auslegung der Gebote durch Jesus in der Bergpredigt

Vom Gesetz und von den Propheten:
Denkt nicht, ich sei gekommen, um das Gesetz und die Propheten aufzuheben. Ich bin nicht gekommen, um aufzuheben, sondern um zu erfüllen. Amen, das sage ich euch: Bis Himmel und Erde vergehen, wird auch nicht der kleinste Buchstabe des Gesetzes vergehen, bevor nicht alles geschehen ist. Wer auch nur eines von den kleinsten Geboten aufhebt und die Menschen entsprechend lehrt, der wird im Himmelreich der Kleinste sein. Wer sie aber hält und halten lehrt, der wird groß sein im Himmelreich. [...]
Vom Töten und von der Versöhnung:
Ihr habt gehört, daß zu den Alten gesagt worden ist: *Du sollst nicht töten*; wer aber jemand tötet, soll dem Gericht verfallen sein. Ich aber sage euch: Jeder, der seinem Bruder auch nur zürnt, soll dem Gericht verfallen sein; und wer zu seinem Bruder sagt: Du Dummkopf!, soll dem Spruch des Hohen Rates verfallen sein; wer aber zu ihm sagt: Du (gottloser) Narr!, soll dem Feuer der Hölle verfallen sein.
Wenn du deine Opfergabe zum Altar bringst und dir dabei einfällt, daß dein Bruder etwas gegen dich hat, so laß deine Gabe dort vor dem Altar liegen; geh und versöhne dich zuerst mit deinem Bruder, dann komm und opfere deine Gabe.
Schließ ohne Zögern Frieden mit deinem Gegner, solange du mit ihm noch auf dem Weg zum Gericht bist. Sonst wird dich dein Gegner vor den Richter bringen, und der Richter wird dich dem Gerichtsdiener übergeben, und du wirst ins Gefängnis geworfen. Amen, das sage ich dir: Du kommst von dort nicht heraus, bis du den letzten Pfennig bezahlt hast. [...]
Von der Vergeltung:
Ihr habt gehört, daß gesagt worden ist: *Auge für Auge* und *Zahn für Zahn*. Ich aber sage euch: Leistet dem, der euch etwas Böses antut, keinen Widerstand, sondern wenn dich einer auf die rechte Wange schlägt, dann halt ihm auch die andere hin. Und wenn dich einer vor Gericht bringen will, um dir das Hemd wegzunehmen, dann laß ihm auch den Mantel. Und wenn dich einer zwingen will, eine Meile mit ihm zu gehen, dann geh zwei mit ihm. Wer dich bittet, dem gib, und wer von dir borgen will, den weise nicht ab.
Von der Liebe zu den Feinden:
Ihr habt gehört, daß gesagt worden ist: *Du sollst deinen Nächsten lieben* und deinen Feind hassen. Ich aber sage euch: Liebt eure Feinde und betet für die, die euch verfolgen, damit ihr Söhne eures Vaters im Himmel werdet; denn er läßt seine Sonne aufgehen über Bösen und Guten, und er läßt regnen über Gerechte und Ungerechte. Wenn ihr nämlich nur die liebt, die euch lieben, welchen Lohn könnt ihr dafür erwarten? Tun das nicht auch die Zöllner? Und wenn ihr nur eure Brüder grüßt, was tut ihr damit Besonderes? Tun das nicht auch die Heiden? Ihr sollt also vollkommen sein, wie es auch euer himmlischer Vater ist. [...]
Vom Beten – Das Vaterunser:
[...] So sollt ihr beten:
Unser Vater im Himmel, / dein Name werde geheiligt,
dein Reich komme, / dein Wille geschehe / wie im Himmel, so auf der Erde.
Gib uns heute das Brot, das wir brauchen.

Und erlaß uns unsere Schulden, / wie auch wir sie unseren Schuldnern erlassen haben.
Und führe uns nicht in Versuchung, / sondern rette uns vor dem Bösen.
Denn wenn ihr den Menschen ihre Verfehlungen vergebt, dann wird euer himmlischer Vater auch euch vergeben. Wenn ihr aber den Menschen nicht vergebt, dann wird euch euer Vater eure Verfehlungen auch nicht vergeben. [...]

Die Goldene Regel:

Alles, was ihr also von anderen erwartet, das tut auch ihnen! Darin besteht das Gesetz und die Propheten.

Die Seligpreisungen:

Er sagte:
Selig, die arm sind vor Gott; / denn ihnen gehört das Himmelreich.
Selig die Trauernden; / denn sie werden getröstet werden.
Selig, die keine Gewalt anwenden; / denn sie werden das Land erben.
Selig, die hungern und dürsten nach der Gerechtigkeit; / denn sie werden satt werden.
Selig die Barmherzigen; / denn sie werden Erbarmen finden.
Selig, die ein reines Herz haben; / denn sie werden Gott schauen.
Selig, die Frieden stiften; / denn sie werden Söhne Gottes genannt werden.
Selig, die um der Gerechtigkeit willen verfolgt werden; / denn ihnen gehört das Himmelreich.
Selig seid ihr, wenn ihr um meinetwillen beschimpft und verfolgt und auf alle mögliche Weise verleumdet werdet. Freut euch und jubelt: Euer Lohn im Himmel wird groß sein. Denn so wurden schon vor euch die Propheten verfolgt.

Aus: Die Bibel. Einheitsübersetzung. Neues Testament, Matthäus, Kap. 5-7 (Die Bergpredigt Jesu, Ausschnitte). © Katholische Bibelanstalt, Stuttgart 1980.

Erläuterung

Grundsätzlich muß von Jesu Bedeutung für die Ethik gesagt werden: Jesus gab keine Gebote und keine neue Ethik, sondern er deutete in Gebotsform ein Ethos an, d. h. eine Haltung des Menschen in der Nähe des anbrechenden Reiches, also in der Nähe Gottes. [...]
Auf das Gebiet der Ethik angewandt ergibt sich von hier aus ein Verständnis der oft paradoxen Gebote Jesu und ihrer vielfach kritisierten Undurchführbarkeit. Nehmen wir als Beispiel etwa die Stelle Matth. 5,21 ff.: „Ihr habt gehört, daß zu den Alten gesagt ist: Du sollst nicht töten, wer aber tötet, der soll dem Gericht verfallen sein. Ich aber sage euch: schon wer mit seinem Bruder zürnt, soll dem Gericht verfallen sein und wer sagt: Du Narr, soll dem Hohen Rat verfallen sein, und wer sagt: Du Lump, der soll dem höllischen Feuer verfallen sein." Was ist der Sinn dieser Gebote? Handelt es sich nur um eine Verschärfung der sittlichen Forderung? Sie ist ja gar nicht mehr möglich, wenn schon ein Schimpfwort mit dem Tode bestraft werden soll. So wird sichtbar, daß darin nicht der Sinn dieser Worte liegen kann. Vielmehr will Jesus mit der paradoxen Ausmalung der Strafen einen Impuls geben, ein Ethos andeuten. Das Gebot ist nur die Form, in der eine letzte Haltung angedeutet wird, nämlich die „neue Gerechtigkeit" angesichts der Nähe Gottes. Ähnlich steht es mit der von Jesus in den Mittelpunkt gerückten Feindes- und Nächstenliebe. Das Gebot der Feindesliebe ist oft als utopisch bezeichnet worden. Auch hier handelt es sich nicht um eine ethische Sonderleistung, sondern darum, die Größe des Liebesaffekts und die Unbedingtheit der Liebe eindrucksvoll und unmißverständlich anschaulich zu machen, indem gefordert wird, daß auch menschliche Feindschaft keine Grenze der Liebe bedeuten darf.

Aus: Gustav Mensching, Gut und Böse im Glauben der Völker. Klotz Verlag, Stuttgart ^{2}1950, S. 106–109.

Die Ankündigung des kommenden Reich Gottes durch Jesus

Vom Weltgericht: Wenn der Menschensohn in seiner Herrlichkeit *kommt* und alle *Engel mit ihm*, dann wird er sich auf den Thron seiner Herrlichkeit setzen. Und alle Völker werden vor ihm zusammengerufen werden, und er wird sie voneinander scheiden, wie der Hirt die Schafe von den Böcken scheidet. Er wird die Schafe zu seiner Rechten versammeln, die Böcke aber zur Linken. Dann wird der König denen auf der rechten Seite sagen: Kommt her, die ihr von meinem Vater gesegnet seid, nehmt das Reich in Besitz, das seit der Erschaffung der Welt für euch bestimmt ist. Denn ich war hungrig, und ihr habt mir zu essen gegeben; ich war durstig, und ihr habt mir zu trinken gegeben; ich war fremd und obdachlos, und ihr habt mich aufgenommen; ich war nackt, und ihr habt mir Kleidung gegeben; ich war krank, und ihr habt mich besucht; ich war im Gefängnis, und ihr seid zu mir gekommen. Dann werden ihm die Gerechten antworten: Herr, wann haben wir dich hungrig gesehen und dir zu essen gegeben, oder durstig und dir zu trinken gegeben? Und wann haben wir dich fremd und obdachlos gesehen und aufgenommen, oder nackt und dir Kleidung gegeben? Und wann haben wir dich krank oder im Gefängnis gesehen und sind zu dir gekommen? Darauf wird der König ihnen antworten: Amen, ich sage euch: Was ihr für einen meiner geringsten Brüder getan habt, das habt ihr mir getan.
Dann wird er sich auch an die auf der linken Seite wenden und zu ihnen sagen: Weg von mir, ihr Verfluchten, in das ewige Feuer, das für den Teufel und seine Engel bestimmt ist! Denn ich war hungrig, und ihr habt mir nichts zu essen gegeben; ich war durstig, und ihr habt mir nichts zu trinken gegeben; ich war fremd und obdachlos, und ihr habt mich nicht aufgenommen; ich war nackt, und ihr habt mir keine Kleidung gegeben; ich war krank und im Gefängnis, und ihr habt mich nicht besucht. Dann werden auch sie antworten: Herr, wann haben wir dich hungrig oder durstig oder obdachlos oder nackt oder krank oder im Gefängnis gesehen und haben dir nicht geholfen? Darauf wird er ihnen antworten: Amen, ich sage euch: Was ihr für einen dieser Geringsten nicht getan habt, das habt ihr auch mir nicht getan. Und sie werden weggehen und die ewige Strafe erhalten, die Gerechten aber das ewige Leben.

Aus: Die Bibel. Einheitsübersetzung. Neues Testament. Matthäus-Evangelium, Kap. 25, Vers 31-46.

Christus als Weltenrichter. Relief über dem Eingang der Kirche von Conques.

Zwei Auslegungen

Aus der Predigt eines Pfarrers:

Wer Jesus kennt, ist fein dran. Jesus, der Christus, sagt am Ende dieser Weltzeit nichts anderes, als er schon auf Erden sagte: „Kommt her! Ihr seid Gesegnete meines Vaters. Von Anbeginn der Welt ist euch das Reich bereitet. Ererbt es jetzt!" Ganz klar, das ist der gleiche Jesus, der auf Erden den Belasteten und Verängstigten zurief: „Kommt her zu mir alle, die ihr stöhnt unter so vielen Lasten!"

Wer bei Jesus ist, kann aufatmen. Wer sich an diesen Mann hält, findet Ruhe und Geborgenheit. In seiner Nähe können wir uns bergen. Das Weltgericht hält also kein Unbekannter. Der in seiner Herrlichkeit mit den Engeln kommt, ist derselbe, der schon früher von Hirten und Schafen geredet hatte. Und von dem wir hörten: „Wer an mich glaubt, der hat das ewige Leben, ob er gleich stürbe." So beginne ich zu begreifen, daß die Angst vor dem Weltgericht abgebaut werden kann.

Aus: Pastoralblätter, hrsg. von Pfarrer D. Adolf Sommerauer, 119. Jahrgang 1979, Kreuz Verlag, Stuttgart, S. 624, Predigttext von Pfarrer Günther Grigoleit, Holzminden.

Der philippinische Bauer und Christ Mang Amboy versteht den biblischen Text vom Weltgericht so:

„,Hinweg von mir, denn ich war hungrig, und du hast mir nicht zu essen gegeben...' Christus ist als Richter tatsächlich sehr konsequent, führt der Bauer aus.

Deshalb können wir uns, sagt er, eine hübsche Frau vorstellen, die aus einer der wohlhabendsten Familien kommt und auf die vornehmsten Schulen gegangen ist. Sie ist eine gute, fromme Frau. Sie geht jeden Morgen zur Kirche, trägt blaue Kleider und Schuhe, hat einen blauen Rosenkranz und fährt einen blauen Wagen. Dann geht sie nach Hause und verbringt einen großen Teil ihrer Zeit erneut im Gebet oder lakkiert vielleicht dann und wann ein wenig ihre Fingernägel.

Wenn sie stirbt, fragt nun allen Ernstes der Bauer, wird sie in den Himmel oder in die Hölle kommen? Wahrscheinlich wird sie in die Hölle kommen.

Beim letzten Gericht hört sie vielleicht vom Richter: ,Zu deinen Lebzeiten gab es so viele arme Leute im Umkreis deines Hauses, und du hast kaum einen Finger krumm gemacht, um ihnen zu helfen, weil du so selbstsüchtig warst, so besorgt um die Selbst-Heiligung. Du hattest viele Pächter, die für dich den Reis besorgten und deren Kinder an Unterernährung starben, weil du dich immer der Landreform widersetztest. Dein Herz kümmerte sich nicht darum, in ihm war keine Liebe. Hinweg von mir, denn ich war hungrig, und du hast mir nicht zu essen gegeben...'

Mit anderen Worten, Mang Amboy, – der Bauer grinst nun ein wenig, während der Rest noch ganz von der ernsten Überlegung seiner Aussage in Bann geschlagen ist –, es könnte vielleicht eine Menge Diskussionen am Tag des Letzten Gerichts geben! Einige könnten den Mut haben zu sagen: ,Herr, ich war Bischof und Kardinal in meinem Leben...', und der Herr wird antworten: ,Amen, ich sage dir, ich kenne dich nicht! Das dringendste Problem, das den Hunger der Massen verursachte, war während deines Lebens soziale Ungerechtigkeit, feudales Großgrundbesitzertum und kapitalistische Wucherei. Dies war bestimmt eine moralische Frage. Aber du, der moralische Führer, zogst es vor, feige zu schweigen. Dich kümmerten mehr die Beiträge der Ausbeuter und das Fortbestehen der Freundschaft mit ihnen. Ich war hungrig wegen dieses ungerechten Systems, und du gabst mir nicht zu essen...'

Mang Amboy aber ist mit seiner eindringlichen Rede noch nicht zu Ende. Er sagt: Die Bibel ist also darin deutlich, daß es am letzten Prüfungstag eine Menge Überraschungen für die einzelnen geben wird, wenn sie fragen, wann sie dem Hungrigen zu essen und dem Durstigen zu trinken gegeben haben und wann nicht. Natürlich wissen wir alle die Antwort. Was wir den Leuten oder gegen sie tun, das tun wir Christus oder gegen ihn. Christus ist die Leute, und die Leute sind Christus."

Aus: Peter Antes, „Bauern-Theologie" auf den Philippinen. In: Zeitschrift für Missionswissenschaft und Religionswissenschaft, 62. Jahrgang, Oktober 1978, Heft 4, S. 299, Verlag Aschendorff, Münster.

Das Anschauungsbild „Der breite Weg (zur Hölle) und der schmale Weg (zum Paradies)" entstammt dem Pietismus, einer bibelstrengen Bewegung innerhalb der evangelischen Kirche. Ihrem Glauben nach kann der Mensch dem Bösen in der Welt und der ewigen Verdammnis dadurch entkommen, daß er ein arbeitsames, gottgefälliges Leben führt, sich dem Weltlichen enthält und gute Werke tut. Auf dem Bild führt der breite, bequeme Weg an Weinschenke, Theater, Tanzsaal und Spielhölle vorbei direkt in die Hölle; der schmale, beschwerliche führt dagegen über Kirche, Sonntagsschule, Kinderrettungsanstalt und Diakonissenhaus zum himmlischen Paradies.

III. Der ethische Beitrag des Christentums

1. Grundlagen und Interpretationen

Das Beispiel vom barmherzigen Samariter

Da stand ein Gesetzeslehrer auf, und um Jesus auf die Probe zu stellen, fragte er ihn: Meister, was muß ich tun, um das ewige Leben zu gewinnen? Jesus sagte zu ihm: Was steht im Gesetz? Was liest du dort? Er antwortete: *Du sollst den Herrn, deinen Gott, lieben mit ganzem Herzen und ganzer Seele, mit all deiner Kraft* und all deinen Gedanken und: *Deinen Nächsten sollst du lieben wie dich selbst.* Jesus sagte zu ihm: Du hast richtig geantwortet. Handle danach, und du wirst leben. Der Gesetzeslehrer wollte seine Frage rechtfertigen und sagte zu Jesus: Und wer ist mein Nächster?

Darauf antwortete ihm Jesus: Ein Mann ging von Jerusalem nach Jericho hinab und wurde von Räubern überfallen. Sie plünderten ihn aus und schlugen ihn nieder; dann gingen sie weg und ließen ihn halbtot liegen. Zufällig kam ein Priester denselben Weg herab; er sah ihn und ging weiter. Auch ein Levit kam zu der Stelle; er sah ihn und ging weiter. Dann kam ein Mann aus Samarien, der auf der Reise war. Als er ihn sah, hatte er Mitleid, ging zu ihm hin, goß Öl und Wein auf seine Wunden und verband sie. Dann hob er ihn auf sein Reittier, brachte ihn zu einer Herberge und sorgte für ihn. Am andern Morgen holte er zwei Denare hervor, gab sie dem Wirt und sagte: Sorge für ihn, und wenn du mehr für ihn brauchst, werde ich es dir bezahlen, wenn ich wiederkomme.

Was meinst du: Wer von diesen dreien hat sich als der Nächste dessen erwiesen, der von den Räubern überfallen wurde? Der Gesetzeslehrer antwortete: Der, der barmherzig an ihm gehandelt hat. Da sagte Jesus zu ihm: Dann geh und handle genauso!

Aus: Die Bibel, Einheitsübersetzung, Neues Testament, Lukas-Evangelium Kap. 10, Vers 25-37.

Martin Gutl: Endlich einer…

Endlich einer, der sagt:
Selig die Armen!
und nicht: Wer Geld hat, ist glücklich!

Endlich einer, der sagt:
Liebe deine Feinde!
und nicht: Nieder mit den Konkurrenten!

Endlich einer, der sagt:
Selig, wenn man euch verfolgt!
und nicht: Paßt euch jeder Lage an!…

Endlich einer, der sagt:
Wer an mich glaubt, wird leben
und nicht: Was tot ist, ist tot!

Aus: Josef Dirnbeck/Martin Gutl, Ich begann zu beten. Texte für Meditation und Gottesdienst. Styria Verlag, Graz 1977.

Franz Alt: [Die Ethik der Bergpredigt]

Die Ethik der Bergpredigt [siehe im vorliegenden Heft auf S. 42 ff.] heißt nicht Einerseits-Andererseits, sondern Entweder-Oder. Die Bergpredigt kann man nicht wollen, die Bergpredigt kann man nur tun. Die Einerseits-Andererseits-Ethik steht in der Tradition des römischen Spruchs „Wenn du Frieden willst, bereite den Krieg vor!" Nach dieser Vorbereitung wurden dann in der Geschichte auch immer wieder Kriege geführt.
Die neue Ethik der Bergpredigt, die Ethik des Entweder-Oder heißt hingegen: Wenn du Frieden willst, bereite den Frieden vor; wer Krieg vorbereitet, wird Krieg bekommen. Nicht die gute Absicht zählt, sondern allein die Tat. Für eine Trennung zwischen privater und politischer Ethik gibt es keinen einzigen Hinweis in der Bergpredigt. Die Gerechtigkeit Jesu ist universal. Die geforderte Vollkommenheit steht in Zusammenhang mit seiner Kritik an jener Liebe, die zwar die Freunde, nicht aber die Feinde einschließt. Nächstenliebe ist nach Jesus noch nicht vollkommen, wahre Liebe umfaßt auch die Feinde. Das ist politischer Sprengstoff, der freilich fast noch nie benutzt wurde in der Weltgeschichte. Gandhi [vgl. S. 29] ist die große Ausnahme. Der bisher benutzte Sprengstoff war meist anderer Art. Vielleicht fällt es uns deshalb so schwer, an den Sprengstoff der Bergpredigt zu glauben. Wer die Heilkraft der Bergpredigt nicht in seinem Privatleben erfährt, wird sich ihr auch politisch nicht aussetzen können.

[...]

Warum die Bergpredigt? Solange wir die Bergpredigt nicht entdeckt und nicht verstanden haben, solange haben wir unsere Möglichkeiten nicht entdeckt und nicht verstanden. Die Bergpredigt ist der Weg zur Menschwerdung jedes einzelnen und dadurch auch zur Menschwerdung der Menschheit. Dostojewski: „Sehnsüchtig grüßt der, der ich bin, den, der ich sein könnte." Die Bergpredigt ist kein Gesetz und keine Sammlung von Geboten, sondern eine Verheißung des Lebens, ein Experiment der Liebe, eine Chance zur Reife der Menschheit. Martin Buber: „Der Ursprung allen Konfliktes zwischen mir und meinen Mitmenschen ist, daß ich nicht sage, was ich meine, und daß ich nicht tue, was ich sage." Warum die Bergpredigt? Ohne sie gleitet uns nicht nur die Technik aus den Händen: Die Atombomben verfügen über uns.

[...]

Das neue, 2000 Jahre alte Menschenbild der Bergpredigt ist ein Aufruf: Entscheidet euch gegen das Gesetz der Gewalt und Vergeltung für das Gesetz der Liebe und Vergebung! – Bedenkt, daß ihr Menschen seid, und vergeßt alles andere! Arbeitet an der Überwindung des unmenschlichsten aller Dogmen: daß der Mensch unverbesserlich sei! Die Kirchen lehrten bisher entweder eine heillose Welt oder ein weltloses Heil. Doch seit der Bergpredigt könnten wir wissen: Das Heil ist nicht weltlos, und die Welt ist nicht heillos. Wenn wir mitarbeiten an der Heilung der Welt – dann werden wir verstehen und erfahren: Frieden ist möglich.

Aus: Franz Alt, Frieden ist möglich. Die Politik der Bergpredigt. Piper Verlag, München 1983, S. 28 f., 30 und 117.

▷ Franz Alts Interpretation der Bergpredigt hat von verschiedener Seite heftigen Widerspruch erfahren. Welche Interessen haben dabei wohl eine Rolle gespielt?

▷ Wie sehen Sie die Bergpredigt und ihren ethischen Impuls?

Plakat an der drei Meter hohen Betonmauer, die 1986 um ein Militärgelände nahe von Hasselbach/Hunsrück gebaut wurde, um die Aufstellung von Atomraketen ungestört von Demonstranten durchführen zu können.

Martin Luther King: Das Wesen der christlichen Nächstenliebe

Wenn wir an dieser Stelle von der Liebe sprechen, meinen wir damit nicht irgendein sentimentales oder zärtliches Gefühl. Es wäre Unsinn, wenn wir die Menschen auffordern wollten, ihre Unterdrücker zärtlich zu lieben. Mit Liebe meinen wir in unserem Falle Verstehen, guten Willen, der erlösende Kraft hat. Hier kommt uns die griechische Sprache zu Hilfe. Es gibt im griechischen Neuen Testament drei Worte für Liebe. Erstens das Wort „eros". Heute verstehen wir darunter eine Art ästhetischer oder romantischer Liebe. Das zweite Wort ist „philia", das innige Zuneigung zwischen zwei Freunden bedeutet. Philia kennzeichnet eine auf Gegenseitigkeit beruhende Liebe. Man liebt, weil man geliebt wird.

Wenn wir von einer Liebe zu denen sprechen, die uns feindlich gegenüberstehen, benutzen wir weder das Wort „eros" noch das Wort „philia", sondern das griechische Wort „agape". Agape bedeutet verstehender, erlösender guter Wille allen Menschen gegenüber. Sie ist eine überströmende Liebe, die völlig freiwillig, unmotiviert, grundlos und schöpferisch ist. Sie wird nicht durch irgendeine gute Eigenschaft oder Leistung ihres Objekts ausgelöst. Sie ist die Liebe Gottes, die im Herzen des Menschen wirkt.

Agape ist eine uneigennützige Liebe, in der der Mensch nicht sein Bestes sucht, sondern „was des andern ist" (1. Kor. 10,24). Sie macht keinen Unterschied zwischen würdigen und unwürdigen Menschen oder zwischen irgendwelchen Eigenschaften, die die Menschen besitzen. Sie liebt die andern um ihretwillen und sieht in jedem Menschen, dem sie begegnet, den Nächsten. Daher macht sie auch keinen Unterschied zwischen Freund und Feind. Sie wendet sich beiden zu. Wer einen Menschen nur seiner Freundlichkeit wegen liebt, liebt ihn mehr um des Vorteils willen, den er aus der Freundschaft zieht, als um seinetwillen. Wenn wir also sicher sein wollen, daß unsere Liebe uneigennützig ist, müssen wir den Nächsten lieben, der unser Feind ist und von dem wir nichts Gutes, sondern nur Feindseligkeit und Verfolgung erwarten können.

Ein anderer Grundzug der Agape ist, daß sie aus dem dringenden Verlangen des andern entspringt – seinem Verlangen, zu den Besten in der menschlichen Familie zu gehören. Der Samariter, der dem Juden auf der Straße nach Jericho half, war „gut", weil er auf die menschliche Not reagierte, der er begegnete. Gottes Liebe ist ewig und versagt nicht, weil der Mensch sie braucht. Paulus versichert uns, daß „wir Gott versöhnt sind durch den Tod seines Sohnes, als wir noch Feinde waren" – das heißt, zu der Zeit, als wir die Liebe am meisten brauchten. Da der Charakter des weißen Menschen durch die Segregation [Rassentrennung] sehr entstellt ist und seine Seele sehr gelitten hat, braucht er die Liebe des Negers. Der Neger muß den Weißen lieben, damit dessen Spannungen, Unsicherheiten und Ängste beseitigt werden.

Agape ist keine schwache, passive Liebe. Sie ist eine tätige Liebe, eine Liebe, die danach trachtet, Gemeinschaft zu schaffen und zu erhalten, auch wenn man sie zerstören will. Sie ist bereit, Opfer zu bringen und alles zu tun, um die Gemeinschaft wiederherzustellen. Sie bleibt deshalb nicht bei der ersten Meile stehen, sondern sie geht auch die zweite Meile. Sie ist bereit, nicht siebenmal, sondern siebenzigmal siebenmal zu vergeben. Das Kreuz ist das ewige Zeichen dafür, wie weit Gott gehen will, um eine zerbrochene Gemeinschaft wiederherzustellen. Die Auferstehung ist ein Symbol des Sieges Gottes über alle die Mächte, die die Gemeinschaft zu verhindern suchen. Der Heilige Geist ist im Verlauf der Geschichte die Realität, die ständig Gemeinschaft schafft. Wer gegen die Gemeinschaft handelt, handelt gegen die ganze Schöpfung. Wenn ich daher Haß mit Haß begegne, vergrößere ich nur die Kluft in der zerbrochenen Gemeinschaft. Ich kann diese Kluft nur so schließen, daß ich Haß mit Liebe begegne. Wenn ich Haß mit Haß begegne, werde ich entpersönlicht, weil sich meine Persönlichkeit nach dem Schöpfungswillen Gottes nur innerhalb der Gemeinschaft entwickeln kann. Booker T. Washington hatte recht, wenn er sagte: „Laß dich von niemandem so weit hinreißen, daß du ihn haßt." Sonst bringt er dich dahin, daß du gegen die Gemeinschaft handelst, daß du dich gegen die Schöpfung auflehnst und dadurch entpersönlicht wirst.

Und schließlich bedeutet „agape" Anerkennung der Tatsache, daß alles Leben in Beziehung zueinander steht. Die ganze Menschheit ist in einen einzigen Prozeß verwickelt, und alle Menschen sind Brüder. In dem Maße, wie ich meinem Bruder schade, ganz gleich, was er mir antut, in dem Maße schade ich mir selbst.

Liebe, Agape, ist das einzige Band, das diese zerrissene Gemeinschaft zusammenhalten kann. Wenn mir geboten ist zu lieben, ist mir geboten, die Gemeinschaft wiederherzustellen, der Ungerechtigkeit zu widerstehen und meinen Brüdern zu helfen.

Aus: Martin Luther King, Freiheit. Deutsche Ausgabe Kassel ^{4}1965, S. 80 ff.

▷ Ist die „agape" bloß ein hehres Ideal?
▷ Informieren Sie sich über Martin Luther Kings Versuch, dieses Ideal zu leben.
▷ Ist der Gedanke der Nächstenliebe spezifisch christlich?

Ralf Häußler: Das Evangelium der Armen

„Was hat Sie denn am meisten beeindruckt während Ihres zweijährigen Aufenthaltes in Mittelamerika?“ fragte mich eine Journalistin, die einen Artikel über El Salvador schrieb. Ich erzählte ihr von meinen Erfahrungen in katholischen Basisgemeinden und der Lutherischen Kirche in El Salvador. Dort versuchen Militärs, Regierung und Großgrundbesitzer die große Mehrheit des Volkes niederzuhalten. Die Situation für die Armen und Kleinen im Land scheint aussichtslos. Sie verdienen nicht genug, die Kinder sind krank und das Geld reicht nicht für Medikamente. Über eine Million Salvadorianer mußten wegen Bombardierungen durch die Regierungstruppen Haus und Hof verlassen und fliehen. Die Kirche hatte jahrhundertelang einen Gott gepredigt, der vor diesem Elend die Augen verschlossen hatte und auf das Jenseits vertröstet.

Aber die Kleinbauern auf dem Land und die Slumbewohner begannen die Bibel, die Propheten, den Exodus, die Evangelien zu lesen und entdeckten das Evangelium der Armen: Gott will nicht, daß sein Volk leidet. Gottes Geist ist in den Schwachen und Elenden mächtig und führt sie aus der Sklaverei.

Die beeindruckendste Erfahrung für mich war, in Gottesdiensten zu sehen, wie diejenigen, die immer Opfer waren und zur Passivität verdammt, beginnen, ihren Glauben und ihre Geschichte in die eigene Hand zu nehmen.

Die Christen beziehen die Bibel auf ihre konkrete Situation. In den Gottesdiensten redet nicht nur der Pfarrer. Die Gemeindeleiter versuchen alle miteinzubeziehen, und so wird der Gottesdienst zu einer Feier der ganzen Gemeinde. Ich, der Laienpastor, begann auf die Erfahrungen der Kleinbauern und ihre Auslegung der Bibel zu hören. Sie, die wir oft zu reinen Empfängern unserer Spenden machen, zeigten mir, was Reich Gottes für sie bedeutet und welche Aufgaben das Volk Gottes im Kampf für das Reich Gottes hat.

Ein von seinem Hof vertriebener Bauer sagte zu mir: „Wenn du wieder in deinem

El Salvador-Mahnwache vor dem Kölner Dom 1982

Land und deiner Kirche bist, erzähle von uns. Erzähle von unserer Not und von der Unterdrückung hier, erzähle aber auch von unserer Kraft und Hoffnung! Wir vegetieren nicht nur vor uns hin, so wie ihr uns oft in euren Fernsehern seht, sondern wir sind im Aufbruch. Wir werden Volk Gottes, so wie Gott die Sklaven aus Ägypten rief und sie zu seinem Volk machte.“

Die Erfahrung in Mittelamerika zeigte mir, daß wir unser Bild von den Armen ändern können. Wir dürfen sie nicht nur zu Empfängern unserer Mildtätigkeit abstempeln. Die wahre Herausforderung an uns ist, ob wir sie als gleichberechtigte Schwestern und Brüder sehen lernen, die uns unsere Welt und unseren Glauben neu eröffnen. Das Evangelium der Armen an uns ist, Gott und seinen Geist dort zu entdecken, wo wir ihn nicht vermutet hatten. Sei es nun in den Slums von San Salvador oder in den „Asozialen“-Siedlungen der württembergischen Städte, sei es im Asylantenwohnheim oder im Behindertenheim…

Aus: Evangelisches Gemeindeblatt für Württemberg, Nr. 48/1989, S. 4.

Das Besondere der christlichen Ethik

Für jede Ethik ist wichtig, welches Welt- und Wirklichkeitsverständnis, und vor allem, welches Menschenbild ihr zugrunde liegt. Wenn man darauf vertraut, daß die Geschichte menschlichen Lebens einen Sinn und ein Ziel hat, werden sich daraus andere Einstellungen und Verhaltensweisen ergeben, als wenn man davon ausgeht, daß der Mensch ein „Zigeuner am Rand des Universums" (Monod) ist.

Für eine christliche Sicht (Deutung) der Wirklichkeit und des Menschseins sind im Hinblick auf die ethische Diskussion folgende drei Gesichtspunkte wichtig:

a) Christliche Ethik nimmt die Wirklichkeit des Bösen, die Erfahrungen des Scheiterns und des Zerstörerischen ernst. Zwar wird in der christlichen Anthropologie[1] dem Menschen ein ganz besonderer Wert und eine ganz besondere Würde zugesprochen („Ebenbild Gottes"). Aber die christliche Anthropologie weiß auch in beispielloser Radikalität um die Macht des Bösen (um die Folgen der Sünde, auch wenn man Sünde gerade nicht einfach gleichsetzen darf mit dem moralischen Bösen). Das Böse, so versteht es die christliche Tradition, ist nicht durch ethische Appelle zu bewältigen, auch nicht durch sittlich-moralisches Verhalten.

Christlicher Glaube traut allein Gott die Überwindung des Bösen zu: menschliches Verhalten kann nur die Eindämmung des Bösen erreichen. [...]

b) Der Zuspruch des Evangeliums gilt dem, der ohne Hoffnung ist, der von den Umständen und von der Last der Vergangenheit geplagt wird, der nach Sinn und Ziel sucht. Das Evangelium will jeden als „Kind Gottes" in die Gemeinschaft jener Schwestern und Brüder berufen, die sich als von Gott Geliebte und Angenommene verstehen können. Von dieser Liebe kann sie nichts mehr trennen. [...]

c)Wer im Vertrauen auf die kommende Gottesherrschaft, wer in der Erwartung des Handelns Gottes lebt, für den wird die gegenwärtige Wirklichkeit nicht einfach unbedeutend, aber sie ist für ihn nicht das „Allerletzte". Unsere Welt-Wirklichkeit als etwas „Vorletztes" zu sehen, kommt keineswegs einer Flucht aus der Wirklichkeit und einer Vertröstung aufs Jenseits gleich, sondern eröffnet neue Möglichkeiten des Umgangs mit dieser „nicht endgültigen Wirklichkeit": Im Glauben daran, daß die Liebe, selbst wenn sie in dieser Welt scheitert, nicht verloren ist, kann der Christ auch in aussichtslosen Situationen (z. B. dem Feind gegenüber) Liebe praktizieren.

Der christliche Glaube läßt sich durch das Scheitern nicht irremachen, denn er weiß, daß auch Jesus am Kreuz endete (mit seiner Liebe scheiterte); er vertraut (hofft) darauf, daß diese Liebe (als Werk Gottes) letztlich siegen wird. (Dies besagt das Bekenntnis zur Auferstehung Jesu: Die Liebe Gottes wird letztlich siegen, und uns kann nichts von dieser Liebe Gottes trennen, auch nicht der Tod). Das radikale Ernstnehmen des Bösen, das Vertrauen auf die „Frohe Botschaft" Jesu Christi und die Ausrichtung des Verhaltens und Handelns auf die erhoffte Gottesherrschaft werden die Einstellungen zur Welt und zum Leben und auch die konkreten Verhaltensweisen deutlich prägen.

(1) Anthropologie ist die Lehre vom Menschen.

Aus: Hans Freudenberg/Klaus Goßmann: Sachwissen Religion. Ein Begleit- und Arbeitsbuch für den Religionsunterricht in der Sekundarstufe II und für die Erwachsenenbildung, Göttingen: Vandenhoeck & Ruprecht 1988, S. 200 f.

▷ Was ist typisch religiös an diesem Versuch, Ethik zu begründen?

2. Offizielle Stellungnahmen der christlichen Kirchen zu den drängenden Fragen der menschlichen Gesellschaft

Bewahrung der Schöpfung

Der Mensch ist nicht das einzige Geschöpf. Gott hat auch Lebewesen und Dinge geschaffen, die nicht sprechen, nicht mit Bewußtsein und Willen Gott verherrlichen können. Dinge, die einfach da sind. Der Mensch braucht sie. Aber sind sie nur dazu da, daß der Mensch sie braucht? Ist das, was wir nie brauchen werden, sinnlos? „Braucht" der Mensch nicht auch die Erfahrung, daß es das Unerreichbare, Geheimnisvolle gibt, jenes, das vordergründig keinen bestimmten Zweck erfüllt, sondern einfach da ist? Wir sind in Gefahr, auch den Menschen nur noch nach dem zu bewerten, wozu er brauchbar ist.

Aus der Erklärung der Kath. Bischöfe zu Fragen der Umwelt. 1980.

Der Glaube an Gott, den Schöpfer, Erlöser und Vollender der Welt prägt das Denken und Verhalten des Menschen tiefgreifend und nachhaltig. Gerade die harte Kritik an den Kirchen, sie hätten das *Licht der Wahrheit von der Schöpfung* sträflich unter den Scheffel gestellt oder sie hätten das Irrlicht der selbstherrlichen Ausbeutung der Welt in der Geschichte entzündet, bestätigt indirekt doch die Macht, die man der geistlich-geistigen Orientierung bzw. Desorientierung zuschreibt. Die entscheidende Antwort auf diese teilweise nicht ganz unberechtigte Kritik kann nur lauten: Die Kirchen müssen ihre Lehre vom Menschen als Ebenbild Gottes und von der Welt als Schöpfung Gottes klarer und verständlicher formulieren, ihr Gehör verschaffen und die sittliche Verantwortung, die der Glaube verlangt und freisetzt, auch über den Kreis der Gläubigen hinaus plausibel und einladend verkündigen. In Predigt und Unterricht, in Lied und Gebet sollte der erste Glaubensartikel dazu anleiten, der Natur staunend in Dank und Lob des Schöpfers gegenüberzutreten und so ein Naturverhalten einzuüben, das über zweckrationales Nützlichkeitsdenken grundsätzlich hinausgeht.

Aus: Kirchenamt der Evangelischen Kirche in Deutschland und Sekretariat der Deutschen Bischofskonferenz: Verantwortung wahrnehmen für die Schöpfung. Gemeinsame Erklärung des Rates der Evangelischen Kirche in Deutschland und der Deutschen Bischofskonferenz. Gütersloh: Gütersloher Verlagshaus Mohn 1985, S. 52.

Die Sorge um einen *Fortschritt* in der Menschheitsgeschichte gehört zu den Aufgaben christlichen Daseins, und das heißt für die Gegenwart vor allem die Sorge darum, den ungeahnt großen technisch-zivilisatorischen Fortschritt, den der Mensch in der Beherrschung der Naturkräfte gemacht hat und der den Menschen als solchen diesem technischen Machtzuwachs mehr und mehr ausliefert, durch den Ausbau einer Ethik des Machtgebrauches, der verantwortlichen Stellungnahme zu der dem Menschen zugefallenen Mächtigkeit und mithin durch einen kulturellen Fortschritt als Fortschritt in der Gewinnung und Bewahrung von Menschlichkeit einzuholen, das Humanum [das Menschliche] gegen die Gefahren zivilisatorischer Unmenschlichkeit zu sichern.

Stellungnahme des evangelischen Theologen Ernst Wolf, in: Die Antwort der Religionen. Eine Umfrage mit 31 Fragen von Gerhard Szczesny, Rowohlt, Reinbek bei Hamburg 1971, S. 121.

▷ Ein schlichtes Verständnis des göttlichen Auftrags: „Machet Euch die Erde untertan" (Bibel, Genesis 1,24 ff.) hat lange Zeit das christliche Verhältnis zur Schöpfung dominiert. Wie wird hier versucht, dies zu ändern?

Abtreibung und Schutz des (ungeborenen) Lebens

Zu den Fragen des Schwangerschaftsabbruchs heißt es in einer gemeinsamen Erklärung der evangelischen und katholischen Kirche:

- Schwangerschaftsabbruch soll nach Gottes Willen nicht sein. Mit diesem Satz erinnern wir an den unbedingten Anspruch des Gebotes Gottes, das jede vorsätzliche Tötung eines Mitmenschen, also auch die Tötung eines ungeborenen Kindes ausschließen will.
- Jedes Kind kann im Glauben angenommen werden als ein Geschenk Gottes. Diese Annahme fällt zuweilen sehr schwer. Darum haben für Christen in dem Konflikt, in den eine Schwangerschaft unter Umständen hineinführt, diejenigen Hilfen und Maßnahmen besonderes Gewicht, die der schwangeren Frau, dem Vater des Kindes und den Familien die Annahme des Kindes ermöglichen trotz der Schwierigkeiten, die diese Entscheidung mit sich bringt. Christen sehen innerhalb der Kirche wie innerhalb der Gesellschaft ihre vordringliche Aufgabe darin, unter Einsatz aller menschlich möglichen Kräfte mitzuhelfen, Situationen zu verhindern, in denen der Schwangerschaftsabbruch als einziger Ausweg erscheint.
- In einer äußersten Zuspitzung können die betroffenen Menschen aber in ihrem Gewissen dem Konflikt ausgesetzt sein, daß sie Gottes Gebot wohl als für sich verbindlich anerkennen, aber dennoch angesichts der unerträglich erscheinenden Schwierigkeit, in die sie die Schwangerschaft gebracht hat, für sich keinen Weg sehen, das ungeborene Kind anzunehmen und also am Leben zu erhalten. Wenn in ganz besonderen und mit anderen Situationen nicht ohne weiteres vergleichbaren Fällen das Leben der Mutter gegen das Leben des Kindes steht und ein Schwangerschaftsabbruch aus medizinischen Gründen angezeigt ist, muß unausweichlich eine Entscheidung getroffen werden, die so oder so das Gewissen belastet. Konfliktlagen von dieser Schärfe können nicht allgemeinverbindlich aufgelöst werden.
- Das Reden und Handeln im Schwangerschaftskonflikt kann alle Beteiligten in die Dimension des Schuldigwerdens führen, nicht nur die schwangere Frau. Vorrangig ist die Verpflichtung zur Selbstprüfung bei *allen* Beteiligten: Wo liegen eigene Versäumnisse beim Schutz des ungeborenen Lebens? Die Bereitschaft zur Erkenntnis eigener Schuld wird durch Anklage und Schuldzuweisung nur verbaut.
- Das Recht auf Selbstbestimmung ist Teil der menschlichen Würde und fordert darum unser Eintreten für eine fortschreitende Befreiung des Menschen aus Unmündigkeit und Fremdbestimmung. Selbstbestimmung findet aber ihre Grenze am Lebensrecht des anderen. Wer sie für sich selbst fordert, muß sie auch dem anderen zuerkennen. Darum kann das Selbstbestimmungsrecht der Frau keine Verfügung über das in ihr heranwachsende Leben begründen.
- Wenn eine Schwangere sich nicht in der Lage sieht, das in ihr heranwachsende Leben anzunehmen, darf ihre Entscheidung, obwohl gegen Gottes Gebot, nicht pauschal und von vornherein als selbstherrliche Verfügung über menschliches Leben verurteilt werden. Die Gründe und Umstände, die zu einem solchen Schritt führen, sind vielmehr Herausforderung zum Gespräch, zum Mitfühlen und zu tatkräftiger Hilfe.

So verstehen sich Kirchen und Christen als Anwalt des Lebens und der Menschenwürde gerade auch des ungeborenen Kindes und wissen sich zugleich aufgerufen, mit Rat und Hilfe allen denen beizustehen, die in Bedrängnis geraten sind.

Aus: Gott ist ein Freund des Lebens. Herausforderungen und Aufgaben beim Schutz des Lebens. Gemeinsame Erklärung des Rates der Evangelischen Kirche in Deutschland und der Deutschen Bischofskonferenz, Gütersloher Verlagshaus Gerd Mohn, Gütersloh [3]1990

Krieg und Frieden

Was den Dienst des Soldaten angeht, so erinnern wir an die Lehre des Zweiten Vatikanischen Konzils: „Wer als Soldat im Dienst des Vaterlandes steht, betrachte sich als Diener der Sicherheit und Freiheit der Völker. Indem er diese Aufgabe recht erfüllt, trägt er wahrhaft zur Festigung des Friedens bei." [...] Wenn und solange die Sicherheitspolitik ethisch zulässige, ja verpflichtende Ziele – Verhinderung des Krieges, Verteidigung der sittlich-politischen Wertordnung gegen totalitäre Bedrohung, Ermöglichung von Abrüstung – verfolgt und sich dabei ethisch annehmbarer Methoden und Mittel bedient, ist der Dienst des Soldaten unverzichtbar und ethisch gerechtfertigt.
Auf dieser Grundlage anerkennen wir Auftrag und Dienst der Soldaten in der Bundeswehr. Staat, Gesellschaft und auch die Kirche vertrauen darauf, daß die Soldaten mit fachlicher Kompetenz und persönlichem Mut ihren Dienst erfüllen. Der Soldat trägt selbst durch ein waches Bewußtsein seiner moralischen Verantwortung zum Dienst am Frieden bei. Die Teilnahme an der politischen und ethischen Meinungs- und Urteilsbildung ist Ausdruck seines Verantwortungsbewußtseins. Auch diejenigen, die angesichts des bei der Sicherung des Friedens auftretenden Dilemmas den Kriegsdienst aus Gewissensgründen verweigern und ihren Zivildienst leisten, fördern den Frieden, zumal wenn von ihnen schöpferische Anstöße ausgehen, etwa durch ihren Dienst für Benachteiligte und soziale Randgruppen. Wir wissen um die Wirksamkeit dieser Dienste und anerkennen ihren Einsatz.
Es ist erfreulich, daß in den vergangenen Jahren viele Vorurteile zwischen den verschiedenen Gruppen der Dienstleistenden abgebaut wurden. Wir bitten dringend, in den Gemeinden und Verbänden das gemeinsame Gespräch zu suchen, die unterschiedlichen Überzeugungen zu achten und sich gemeinsam den ethischen Fragen im Licht der kirchlichen Friedenslehre zu stellen.

Aus: Hirtenworte zu Krieg und Frieden. Die Texte der katholischen Bischöfe der Bundesrepublik Deutschland, der Deutschen Demokratischen Republik, der Niederlande, Österreichs, der Schweiz, Ungarns und der Vereinigten Staaten von Amerika, Kiepenhauer & Witsch, Köln 1984, S. 88 f.

„Friedensdienst mit Waffen" ist nur im Rahmen einer allgemeinen Friedenspolitik ethisch begründbar; die Formel soll nicht sagen, daß durch Waffengebrauch, also z. B. durch Kriegsführungsabsicht und deren Verwirklichung, die Friedensaufgabe erfüllt würde. Vielmehr ist eindeutig festzuhalten, daß die Formel „Friedensdienst mit Waffen" ihren Ort nur im Rahmen einer Politik des Friedens, der Verhandlungen, der vertraglichen Bindungen, der Entwicklungspolitik hat. So ist sie auch weithin vertreten worden.
Im Verhältnis dazu betont die Formulierung „Friedensdienst ohne Waffen" entschieden den Verzicht auf Waffen; sie bezeichnet vorwiegend die Ablehnung militärischer Bewaffnung überhaupt und der Beteiligung daran.

Papst Paul II. mit Religionsführern aus aller Welt 1986 beim Friedensgebet in Assisi. Trotz ihres Appells, am 27. 10. 1986 die Waffen schweigen zu lassen, gab es Kriegstote.

Mit dieser Ablehnung wird die Intention des Friedensbegriffs nicht schon erfüllt, obwohl diese Meinung vielfach vertreten wird. Wer über seine Gewissensgründe hinaus dem Frieden ohne Waffen dienen will, kann das nur mit politischen Mitteln tun und muß sich darum an der Konzipierung von Friedenspolitik beteiligen. Dies ist mit der Formel „Friedensdienst ohne Waffen“ weder inhaltlich noch von ihrem Entstehen her zureichend ausgedrückt. Doch viele, die sich zur Friedensbewegung bekennen, tun das nicht allein um ihres eigenen Gewissens willen, sondern um ein politisches Zeichen zu setzen. So wendet man sich in der gegenwärtigen Diskussion über Friedensdienst ohne Waffen immer stärker der Frage nach alternativen Strategien der Verteidigung zu. Diese Frage aber betrifft eine Ebene, die durch die Formel „ohne Waffen“ noch nicht abgedeckt ist.

Aus: Kirchenamt der Evangelischen Kirche in Deutschland (Hrsg.): Frieden wahren, fördern und erneuern. Eine Denkschrift der Evangelischen Kirche in Deutschland. 6. Aufl. ergänzt um das „Wort des Rates der Evangelischen Kirche in Deutschland zur Friedensdiskussion im Herbst 1983“. Verlagshaus Mohn, Gütersloh 1984, S. 61.

Christentum und Politik

Zum Auftrag des Christen in der Welt schreibt der evangelische Christ und Bundespräsident Richard von Weizsäcker 1989 dies:
Als Christen unterscheiden wir zwischen dem Letzten und dem Vorletzten. Unsere Existenz haben wir vom Letzten her, vom Reich Gottes. Wir leben aber nicht in diesem Letzten, sondern im Vorletzten, in der noch unerlösten Welt. Die Spannung zwischen beidem bestimmt unaufhörlich unsere Existenz. Auch als Christen sind wir eingeordnet in die weltliche Ordnung. Wir sind staats-an-gehörig, also mitverantwortlich. Diese Spannung fordert den Christen auch in der Politik täglich von neuem heraus. Sie führt Freiheit und Wahrheit nicht gegeneinander

ins Feld. Sondern sie zeigt uns, daß in einem tieferen Sinn Wahrheit nicht ohne Freiheit, Freiheit nicht ohne Wahrheit gegeben ist.

Aus: Richard von Weizsäcker: Zwischen Freiheit und Wahrheit. Was ist ein Christ der Gegenwart?, in: Christ in der Gegenwart, 41. Jahrg., Nr. 6 vom 5. Februar 1989, S. 48. Herder Verlag Freiburg.

- Nach evangelischem Verständnis gehört die politische Existenz des Christen zu seinem weltlichen Beruf. [...]
- Dürfen aus dem Christsein in der Politik auch keine besonderen Ansprüche abgeleitet werden, so gilt doch, daß von Christen in der Politik Besonderes erwartet wird: Sie sollen in bestimmten Fragen besonders sensibel sein, vor allem, wo es um das Eintreten für Schwache geht; sie sollen die von ihnen erkannte Wahrheit über den persönlichen politischen Ehrgeiz stellen.
- Die Predigt der Kirche richtet sich an alle Christen und darüber hinaus an alle Menschen im politischen Leben. Auch die Predigt unterliegt der Kritik. Ihre Aufgabe ist es nicht, ein eigenes politisches Programm zu verkündigen, wohl aber politische Programme darauf zu befragen, wie sie sich mit dem Gebot Gottes vertragen. In Streitfragen müssen sich Autorität und Kompetenz aller, die sich an der Auseinandersetzung beteiligen, im kritischen politischen Prozeß bewähren. Aber Christen sollten dazu beitragen, daß Sachfragen nicht kurzerhand in einem Kampf um Macht und Erfolg untergehen.

Aus: Evangelische Kirche und freiheitliche Demokratie: der Staat des Grundgesetzes als Angebot und Aufgabe; eine Denkschrift der Kammer der Evangelischen Kirche in Deutschland für öffentliche Verantwortung, hrsg. vom Kirchenamt im Auftrag des Rates der Evangelischen Kirche in Deutschland. Verlagshaus Mohn, Gütersloh 1985, S. 22 f.

Weltprobleme

Wenn nicht die Kirche, wer sonst hilft den Gutwilligen, vor den ungeheuren Aufgaben nicht resigniert zu kapitulieren? Der gute Wille braucht überdies geeignete Einübungsfelder und gangbare Wege, um das Land der Zukunft zu erschließen. So unscheinbar die Anfänge auch erscheinen mögen, Alltagstugenden in Gruppen, Gemeinden und Bewegungen einzuüben – die Langzeitwirkung kann beachtlich sein, wie die Geschichte des Christentums ermutigend beweist. Die kulturschaffende Kraft der Orden in Altertum und Mittelalter, Diakonie und Fürsorge der christlichen Gemeinden und die soziale Bewegung der letzten hundert Jahre, die Pionieraufgabe der Kirchen in Deutschland in der Entwicklungshilfe nach dem Zweiten Weltkrieg sind Hoffnung spendende Beispiele für die Kirchen, auch die heute bedrängende Herausforderung der Ökologieproblematik und der damit verknüpften Probleme des Bevölkerungswachstums in der Dritten Welt in der Kraft christlichen Glaubens anzunehmen.

Aus: Kirchenamt der Evangelischen Kirche in Deutschland und Sekretariat der Deutschen Bischofskonferenz (Hrsg.): Verantwortung wahrnehmen für die Schöpfung. Gemeinsame Erklärung des Rates der Evangelischen Kirche in Deutschland und der Deutschen Bischofskonferenz. Verlagshaus Mohn, Gütersloh 1985, S. 53.

▷ In welchen Bereichen überzeugen Sie die ethischen Positionen der christlichen Religion, in welchen nicht?

▷ Welche Rolle sehen Sie für die christlichen Kirchen in bezug auf die Lösung der großen Weltprobleme?

▷ Ist Religion Ihrer Meinung nach bei der Ausbildung einer neuen Ethik für die weltweiten Aufgaben eher förderlich oder hinderlich?

IV. Aktuelle Ausformungen, Ausstrahlungen, Probleme

1. Intensivierung des Dialogs zwischen Judentum und Christentum

„Nach Auschwitz muß die christliche Kirche, die den Juden Jesus den Christus nennt, radikal umdenken. Durch ihren latenten und offenen Antijudaismus haben sich die christlichen Kirchen durch Jahrhunderte hindurch selbst paganisiert [heidnisch verhalten]. Sie wurden zu Institutionen der Einheitsreligion in ihren Staaten und verfolgten als ‚politische Religion' Andersdenkende und Andersglaubende sowohl als Religionsfeinde und Staatsfeinde. Wie Christen vor Konstantin selbst als Atheisten und Staatsfeinde verfolgt wurden, so verfolgte das zur Staatsreligion etablierte Christentum Juden und Dissidenten als Gottlose, denen nichts heilig ist, und als ‚bindungslose', d.h. irreligiöse Zerstörer der Gesellschaft. Je mehr sich heute die Kirche aus ihrem Mißbrauch ihrer selbst löst, um so besser wird sie Israel als ihren bleibenden Ursprung, ihren Partner in der Geschichte und ihren Bruder in der Hoffnung erkennen."

Aus: Jürgen Moltmann, Kirche in der Kraft des Geistes. Ein Beitrag zur messianischen Ekklesiologie. Chr. Kaiser Verlag, München 1975.

„Gott braucht uns beide, Juden und Christen, als Mitarbeiter am Heilswerk dieser noch lange nicht vollendeten Welt, die ungeduldig auf unsren Friedensbeitrag wartet. Wie soll denn diese gottentfremdete, offenbarungsblinde Welt unsrem Glauben an den einen Gott und seine Gnadenliebe Glauben schenken, wenn wir kontaktlos aneinander vorbeileben und Hallelujah gegeneinander singen?"

Pinchas Lapide, jüdischer Theologe, in einer Rede anläßlich eines Gebetsgottesdienstes in der katholischen Basilika Ottobeuren im Sommer 1986.

▷ Können Sie sich die jahrhundertelangen Zwistigkeiten zwischen Christentum und Judentum erklären? (Siehe hierzu auch das Heft „Judentum")

2. Verantwortung für die Menschen der 3. Welt

„Ich sah das Elend meines Volkes..."

Der folgende Brief eines aus Deutschland stammenden Paters, der in einer Basisgemeinde in Brasilien Dienst tut, zeigt die Wirkung des christlichen Evangeliums als „Theologie der Befreiung", die heute in der 3. Welt immer öfter sichtbar wird (vgl. hierzu auch die Texte auf S. 45 und 51).

Liebe Freunde in der Heimat!
Soweit es im Rahmen eines Briefes möglich ist, möchte ich Euch, liebe Freunde, einen Weg beschreiben, den Hunderte von Fischern im brasilianischen Bundesland Pernambuco eingeschlagen haben und sich nach und nach erkämpfen.

„Ich sah das Elend meines Volkes…“ – Elend bedeutet nicht nur Hunger, Krankheit und schlechte Wohnverhältnisse. Das alles ist Ausdruck und Folge eines noch tieferen Elends, nämlich nicht beachtet und für voll genommen zu werden. Nicht das Recht zu haben, an den Entscheidungen in Gesellschaft und Staat teilzunehmen, nicht einmal, was das eigene Leben und die Berufsarbeit betrifft. Seit der Gründung der sogenannten Fischerkolonien zu Beginn dieses Jahrhunderts ist den Fischern dieses Recht praktisch genommen worden. Die offizielle Fischereipolitik hat die kleinen Fischer immer mehr an den Rand der Gesellschaft gedrückt.
„… darum bin ich herabgestiegen, um es zu befreien.“ – Und es geschah etwas, was nach den Plagen Ägyptens aussieht. Im Monat August haben die Zucker- und Alkoholindustrien mit Genehmigung der verantwortlichen Regierungsstellen so große Mengen von Produktionsabwässern in die Flüsse geleitet, daß Tausende von Tonnen Fisch selbst im Meer vernichtet wurden und die ganze Stadt Recife tagelang einen unausstehlichen Gestank einatmen mußte. Zwar sind dadurch die Fischer in noch größeres Elend gestürzt worden, aber gleichzeitig wurden sie wachgerüttelt. Sie fingen an, sich besser zu organisieren und sich tiefer auf ihre Rechte und Würde zu besinnen. Ein Protestmarsch wurde im reichen Viertel von Recife gemacht unter Beteiligung von etwa 10 000 Menschen auch aus anderen Schichten der Bevölkerung. Einige Tage später ein Aufmarsch von 2000 Fischern und Familienangehörigen vor dem Palast der Landesregierung. Durch Lautsprecher, Plakate, Presse und Fernsehen verlangten sie die Bestrafung der für die Wasserverschmutzung Verantwortlichen und die Absetzung des Präsidenten der Föderation der Fischerkolonien von Pernambuco, der von der Regierung eingesetzt worden ist und sich nie um die Lage der Fischer gekümmert hat. Dieser ist praktisch schon abgesetzt, und den Fischern sind freie Wahlen für die Föderation versprochen worden.
Gleichzeitig haben die Fischer Druck auf die Landesregierung ausgeübt und das Recht verlangt, an der Erarbeitung und Ausführung einer neuen Fischereipolitik teilzunehmen. Nach mehreren Sitzungen ist ihnen dieses Recht zugestanden worden. Und die Ausarbeitung einer neuen Fischereipolitik hat bereits begonnen.
Auszug aus Ägypten! Ein Sieg des LEBENS! Aber der Zug durch die Wüste ist noch hart und voller Opfer. Mehr Rechte müssen noch erkämpft werden, wie zum Beispiel das Recht der Fischer, sich frei zu organisieren. Ein mühsamer Weg, gespickt mit Hindernissen.
Das Fest der Geburt Christi führe Euch zum „LEBEN in Fülle“. Und das Jahr 1984 bringe Euch dazu Gesundheit und Frieden. Das wünschen Euch von ganzem Herzen die hiesigen Fischer und
Euer Pater Alfred Schüttgen

Aus: Forum Religion 4. Patmos Verlag, Düsseldorf, S. 64.

▷ In vielen Entwicklungsländern, vor allem in Südamerika, verbindet sich zunehmend Glaube an Jesus Christus mit sozialem Kampf. Wie ist das möglich?

▷ Die christlichen Kirchen tragen heute eine Hauptlast in der Entwicklungsarbeit. Andererseits haben sie über ihre Missionstätigkeit lange Zeit eine zwiespältige Rolle in der Kolonialisierung der 3. Welt gespielt. Wie sehen Sie die Bilanz dieser Vorgänge?

3. Formen neuer Religiosität

Christliche Spiritualität und alternatives Leben

„Alter-nativ': das heißt wörtlich übersetzt ‚anders-geboren'. Anderssein, anders leben wollen – das ist der Wunsch, der sehr verschiedenartige Menschen miteinander verbindet.
[…]
Viele träumen nur den Traum vom anderen, einfacheren und besseren Leben. Andere freilich machen ernst damit und werden so zu Aussteigern aus den ihnen auferlegten ‚Sachzwängen' einer hoch spezialisierten Industriegesellschaft, aus dem Teufelskreis von industrieller Produktion und Konsum, und suchen in kleinen Gruppen nach der vermißten Identität und Solidarität, nach mehr Nähe, Wärme, Gefühl, Empfindsamkeit, Glück. In einem meiner Universitätsseminare fragte eine teilnehmende Studentin, die einige Zeit in einem indischen Ashram zugebracht hatte: ‚Warum sollte ich, wenn es mir ums Absolute geht und alles andere weniger ist, nicht ausziehen, um dort das Absolute zu finden, wo ich es finden kann?' – Diese Sehnsüchte nicht-religiöser wie religiöser Art stellen an das Christentum die Frage, ob es eigene Wege ihrer Erfüllung anbietet. […]
Wir leben einerseits nicht nur meiner Meinung nach in einer nach-christlichen Epoche, in der das Christentum nicht mehr im Mittelpunkt des Interesses steht – obschon das gesellschaftliche Leben noch von tradierten christlichen Werten geprägt ist. Deswegen kann man mit Recht daran zweifeln, ob Lösungsvorschläge des Christentums in Zukunft noch gefragt sein werden. Auf der andern Seite befinden wir uns auch in einer Zeit post-materialistischer Lebensorientierung, die sich in alternativen Lebensentwürfen widerspiegelt. Hier hat das Christentum, hier hat gerade christliche Spiritualität mit Sicherheit überzeugende Angebote zu machen."

Aus: Hans Küng: Ewiges Leben? Piper Verlag, München/Zürich ²1982, S. 235, 241, 243.

„Es gibt ungezählte Landkommunen, Wohngemeinschaften, Meditationszirkel und therapeutische Gruppen – auch, und vielleicht gerade in der christlichen Szene. Ihnen allen bedeutet Jesus viel, manchen die Kirche wenig. Bei einigen findet sich kein konventionelles christliches Bekenntnis, aber alle Selbstdarstellungen vermitteln ein reiches, spirituelles, solidarisches Leben. Bei fast keiner Gruppierung bestehen Konfessionsschranken.
Diese fraternitären Gemeinwesen bieten dem einzelnen Lebensbereicherung und sind Ausdruck einer sozialen Erneuerung von innen und unten her.
In aller Bescheidenheit und Begrenztheit zeigen die Selbstdarstellungen Modelle für den Wunsch nach der Alternative. Selbstverwaltung und Abbau von Vorrechten (Gleichheit), neue Solidarität (Schwesterlichkeit, Brüderlichkeit) und bewußte Formen eines reflektierten Ausbruchs aus dem Alltag kennzeichnen viele Gruppen."

Aus: Herbert A. Gornik (Hrsg.): Anders leben. Christliche Gruppen in Selbstdarstellungen. GTB Siebenstern, Gütersloh 1979, S. 7.

Vieles, was Menschen in neuen religiösen Bewegungen suchen und zum Teil auch finden, kann in der eigenen biblisch-christlichen Überlieferungs- und Frömmigkeitsgeschichte wiederentdeckt werden.
Die Beschäftigung mit der Zen-Meditation kann, wie der amerikanische Theo-

loge Harvey Cox beschreibt, zu einer neuen und vertieften Einschätzung der Bedeutung des Sabbats führen [H. Cox, Licht aus Asien]. Der Hunger nach Gemeinschaft verweist auf Geist und Leben der urchristlichen Gemeinschaften und christlichen Kommunitäten durch die Jahrhunderte; die Sehnsucht nach einem alternativen Leben verweist auf den Gott der Bibel, der alles neu machen kann und will. Die bizarre Vielfalt der neuen Religiosität ist zum Teil die Antwort auf die Verarmung des religiösen Lebens in den Kirchen, welche die Fülle ihrer eigenen Traditionen und zukünftigen Möglichkeiten erst jetzt in unseren Tagen staunend wahrnehmen, oder die Antwort auf einseitige Auslegungen dieser Traditionen. Im Rahmen der ökumenischen Begegnungen lernen Christen der westlichen Kirchen heute besonders durch intensive Bekanntschaft mit den Ostkirchen, den ältesten Kirchen, und den jungen Kirchen in der Dritten Welt, den jüngsten Kirchen. Unsere Volks- und Amtskirchen brauchen offenbar selbst gegenüber den Bewegungen, die ausdrücklich in den Kirchen verbleiben und ihrer Erneuerung dienen wollen, Zeit, um zu einem angemesseneren Verständnis zu finden.

Aus: Heribert Mühlen (Hrsg.): Geistesgaben heute, Topos Tb. Matthias-Grünewald-Verlag, München.

Das Beispiel Taizé

Seit den 40er Jahren hat vor allem die durch den Schweizer Pfarrer Roger Schutz gegründete Brüdergemeinschaft in Taizé die evangelische wie katholische Kirche aufmerken lassen. Taizé ist nicht nur der Name eines kleinen Dorfes in Burgund in Frankreich, sondern ein geistlicher Begriff: Ort des gemeinsamen Lebens für 70 Brüder der Communauté von Taizé, die in Ehelosigkeit, in Gütergemeinschaft und in Anerkennung einer Autorität leben.
In den vergangenen Jahren entwickelte sich Taizé zu einem geistlichen Zentrum, vor allem für junge Menschen, die aus allen Nationen kommen. Sie wollen geistliches Leben heute leben, miteinander Wege der Versöhnung und des Friedens gehen, den Skandal der Glaubenstrennung beenden.
Zugleich leben hier viele Jugendliche bewußt für eine bestimmte Zeit nach dem Vorbild der klösterlichen Brüdergemeinschaft, das heißt nach der *„Regel von Taizé“*, die wesentlich auf Roger Schutz zurückgeht. Darin heißt es beispielsweise:
„Laß in deinem Tag Arbeit und Ruhe von Gottes Wort ihr Leben empfangen [...]
In deinem Beten und Meditieren suche nach dem Wort, das Gott an dich richtet, um es gleich auszuführen. Lies also wenig, aber verweile.
Damit dein Gebet wahrhaftig sei, mußt du in harter Arbeit stehen. Begnügtest du dich mit dilettantischer Lässigkeit, so wärest du unfähig, wirklich Fürbitte zu tun. Dein Gebet findet zur Ganzheit, wenn es eins ist mit deiner Arbeit. [...]
Bei deiner täglichen Arbeit vergleiche dich nicht mit den anderen Brüdern. Suche in aller Schlichtheit deinen Dienst zu versehen, der stets nötig ist für das Zeugnis des Ganzen.“

Aus: Frère Roger: Die Regel von Taizé. Herder Verlag, Freiburg 1977, S. 31.

Frère Roger Schutz mit Jugendlichen, die Jahr für Jahr zu Tausenden dem Aufruf der überkonfessionellen christlichen Brudergemeinschaft von Taizé (Burgund) folgen, um gemeinsam zu singen, zu beten, zu diskutieren und zu meditieren.

Im folgenden Gespräch über das geistliche Leben in Taizé wird deutlich, warum gerade junge Leute aus der ganzen Welt immer wieder nach Taizé kommen, obgleich ihnen manchmal ihre eigene Kirche daheim nicht mehr viel bedeutet: Was zieht junge Menschen aus der ganzen Welt nach Taizé, fragt man, wenn sie ihre eigene Kirche zu Hause nicht mehr beachten?

„Ich habe nie eine einzige Erklärung entdeckt, sondern eher ein ganzes Bündel von persönlichen Beweggründen. Der meist gehörte Grund ist, glaube ich, das Schweigen, das einen festen Bestandteil der Liturgie bildet. Aber auch die Freiheit, die Gottesdienste zu besuchen oder nicht, die Haltung beim Gebet einzunehmen, die man gern hat: Knien, Stehen, Bücken. Dann wird das Gebet nicht nur intellektuelle Übung, sondern etwas, das man mit dem ganzen Leib tut. Viele sagen, die Liturgie, besonders das Singen, zöge sie an. Und auch der liturgische Jahreskreis, dem man hier folgt. […] Das Gebet in Taizé ist ein wichtiger Teil des Tagesrhythmus. So wird ein enges Band geknüpft zwischen Kontemplation und Aktivität, zwischen dem, was man denkt, und dem, was man tut. Ich habe übrigens in Unterhaltungen erfahren, daß sehr viele Jugendliche, zu Hause und anderswo, zu Zeiten, wo kein Gottesdienst stattfindet, in die Kirche gehen. Was sie ablehnen, ist mehr die Routine und der konventionelle Stil der Feiern als das Gebet selbst. Sie haben eben keine Zeit für Vorstellungen, die ihnen nichts bedeuten.“

Aus: Rex Brico, Taizé. Frère Roger und die Gemeinschaft. Herder Verlag, Freiburg 1979, S. 90f.

Die folgenden Gedanken sind dem Zweiten Brief des Priors von Taizé, Roger Schutz, entnommen, den er in den Slums von Kalkutta an das „Volk Gottes" schrieb:

Antwort geben - anders leben. Zögere nicht, aus deinem Leben durch konkretes Handeln ein Gleichnis des Miteinanderteilens zu machen. Der Beginn liegt in der Umgestaltung deiner Lebensgewohnheiten.

- ○ Teile alles, was du hast. Du wirst Freiheit darin finden.
- ○ Widerstehe dem Konsumzwang. Je mehr du kaufst, desto abhängiger wirst du.
- ○ Mache deine Wohnräume zu einem Ort, an dem andere immer willkommen sind.
- ○ Du hast Nachbarn im Treppenhaus, im Wohnviertel. Nimm dir Zeit, immer wieder auf sie zuzugehen. Du wirst dabei oft auf große Einsamkeit stoßen und feststellen, daß die Grenze der Ungerechtigkeit nicht zwischen Kontinenten, sondern einige hundert Meter von deiner Wohnung entfernt verläuft.
- ○ Lade andere zum Essen ein. Ein Fest wird eher bei einem einfachen als bei einem übertriebenen Mahl entstehen.
- ○ Es ist unerläßlich, gemeinsam dafür zu kämpfen, daß die Güter der Erde neu aufgeteilt werden.
- ○ Maßstab sind die tatsächlichen Bedürfnisse aller Menschen, bis hin zu den Allergeringsten - und nicht die Befriedigung der Bedürfnisse der Menschen der westlich orientierten Welt.
- ○ Akzeptiere auch, daß andere einen anderen Weg wählen, um dasselbe Ziel zu verfolgen.
- ○ Wenn es dir bei deiner Arbeit nur auf Karriere, Konkurrenz und hohes Gehalt ankommt, bist du nahe daran, andere auszubeuten oder selbst ausgebeutet zu werden.
- ○ Arbeite, um das Lebensnotwendige zu verdienen, niemals, um Geld anzuhäufen.
- ○ Das Gebet ist eine Quelle der Liebe.
- ○ Laß in der Stille ein Wort von Christus in dir lebendig werden und setze es gleich in die Tat um.

Roger Schutz

Aus: Bibel und Kirche 3/78, S. 92. Katholisches Bibelwerk, Stuttgart 1978

- ▷ Was fasziniert Jugendliche wohl an der Taizé-Bewegung?
- ▷ Welche positiven und negativen Effekte sehen sie in diesem Vorgang?
- ▷ Vergleichen Sie mit den modernen Jugendreligionen.
- ▷ Welche der 12 Forderungen von Roger Schutz sind nur aus Religion faßbar, welche könnte man auch leben, ohne religiös zu sein?
- ▷ Ist Religion Ihrer Meinung nach ein Sinnangebot mit Zukunft? (Siehe hierzu auch den Text auf S. 64)

Christentum und Religionen in der Konkurrenz mit anderen Sinnangeboten

In der heutigen Welt sind die Religionen nicht mehr die alleinigen Sinnvermittler. Die neuzeitlich-abendländische Religionskritik hat in ihrer radikalsten Form zur Absetzung Gottes und der Götter geführt und den Menschen selbst als seinen eigenen Sinnschöpfer inthronisiert. Die Geschichte des Atheismus und der Reichtum seiner Erscheinungsformen ist hier nicht zu schildern; es muß aber daran erinnert werden. Vielerorts ist die Rede vom Atheismus inzwischen verschwunden, weil deutlich erkannt wurde, daß es sich bei ihr um eine reine Gegenrede handelt. An ihre Stelle ist die positive Rede vom Humanismus, von der Wissenschaft, von Psycho- und Gesellschaftsanalyse, von Psycho- und Gruppentherapie, von politischen Leitbildern, Marxismen und Sozialismen u. a. m. getreten. Vieles aus diesen Programmen ist hilfreich und sollte folglich auch von Gläubigen beachtet werden. Einhalt gebieten müssen Christentum und Religionen aber, wo Methoden und Systeme, Praktiken und Denkweisen ideologisiert, autoritär und totalitär eingesetzt und in gewissem Sinne zum Religionsersatz gemacht werden. Kritik muß laut werden,

- wo aus Wissenschaftlichkeit naive Wissenschaftsgläubigkeit wird,
- wo menschliches Können zum moralischen Maßstab menschlichen Dürfens wird,
- wo aus einem Gottesleugner ein Verehrer anonymer Götzen wird,
- wo technische und wirtschaftliche Mechanismen die Frage nach Freiheit, Heil, Menschenwürde, Gerechtigkeit, Sinn u. ä. überdecken und verdrängen.

Im übrigen ist die Zeit, in der die Religion nur noch als „Opium des Volkes" gesehen wurde, vorbei. Das Scheitern des Menschen in seinen eigenen Werken, die Hilflosigkeit gegenüber Prozessen, die sich inzwischen zu verselbständigen und selbständig weiterzuentwickeln beginnen, lassen den Menschen erneut nach sinnstiftenden Kräften suchen. Diese können verborgen in ihm selbst schlummern oder ihm auch von außen geschenkt werden. Die Zeit, in der das Ende der Religion vor der Tür zu stehen schien, hat einer Periode Platz gemacht, die im Zeichen der Zukunft der Religion steht. Ob dieses neue Zeichen ein trügerisches Zeichen ist oder nicht, wird davon abhängen, wieweit die Religionen selbst ihre Chance nutzen.

Die Chance der Religionen aber besteht darin,

- daß sie den Menschen in seiner Unheilssituation erreichen,
- daß sie ihre eigene Heilsbotschaft und ihre Heilstaten in einer Weise vermitteln, daß der Mensch zum Hörer und Täter des Wortes werden kann.
- daß sie den Menschen aus seiner selbstgewählten, -geschaffenen und -verschuldeten Gefangenschaft befreien, und die Worte „Erlösung", „Befreiung", „Freiheit" wieder einen umfassenden Sinngehalt erhalten.

Wo es den Religionen gelingt, dem Menschen den wahren Grund seines Menschseins zu eröffnen und ihm mehr Menschlichkeit zu schenken, als er sich selbst bei all seinen eigenen Bemühungen zu beschaffen fähig ist, brauchen sie die Konkurrenz mit den nichtreligiösen Sinnangeboten nicht zu fürchten.

Aus: Funkkolleg Religion, Studienbegleitbrief 13, S. 32/33. Deutsches Institut für Fernstudien Tübingen und Beltz Verlag Weinheim und Basel.